Marc-Wilhelm Kohfink

Wandern in der Imkerei

32 Farbfotos
12 Zeichnungen

Inhaltsverzeichnis

5 Vorwort

8 Mit Bienen wandern – so war es früher
8 Bienen in der Antike
8 Die Römer und ihre Bienen
9 Zeiten ohne Wanderung
9 Das Wanderimkern kehrt zurück
11 Vom Korb zur Wanderbeute
12 Wandern in der DDR
13 Neues Interesse am Imkern

14 So lohnt sich eine Wanderung
14 Sehen Sie die positiven Seiten …
16 … vergessen Sie aber auch die negativen Seiten nicht

20 Planen Sie die perfekte Wanderung
21 Die beliebtesten Trachten und wo Sie diese finden
22 In drei Schritten zum Wanderplatz
25 Rechtssicher mit den Bienen wandern

28 Für das Wandern geeignete Rähmchen
30 Mit Wandertechnik den Rücken schonen
35 So transportieren Sie Bienen von Ort zu Ort

38 Gut vorbereitet für die Bienenwanderung
38 Erstellen Sie einen Terminplan
38 Arbeiten Sie früh mit Ihrem Amtsveterinär zusammen
42 So zeigen Sie die geplante Wanderung richtig an
43 Überlegen Sie, was und wie viel Zeit Sie brauchen
44 Sichern Sie die Leistung Ihrer Bienen
46 Unterscheiden Sie Entwicklungs- und Ertragstrachten
47 Füttern Sie in Trachtlücken ohne Honigverfälschung
48 Verstärken Sie Ihre Wandervölker
49 Die Wandergemeinschaft: Wandern mit anderen

53 Die gelungene Wanderung
53 So rüsten Sie Ihre Beuten für die Wanderung um
54 Erfrischen Sie Ihre Bienen mit Wasser
55 Durch Vergurten das Verrutschen verhindern
56 Verladen Sie Ihre Beuten verkehrssicher
60 Einrichtung des Wanderplatzes
65 Wandern im Winter
66 Schützen Sie Ihre Bienen vor Diebstahl

70 Kontrollieren, ernten und abwandern
70 Zu Besuch am Wanderstand
73 Ernten Sie den Honig
76 Weiter zur nächsten Tracht

79 Mögliche Störungen der Wanderung
79 Bienenvölker wurden gestohlen
81 Frevler waren am Werk

Inhaltsverzeichnis 3

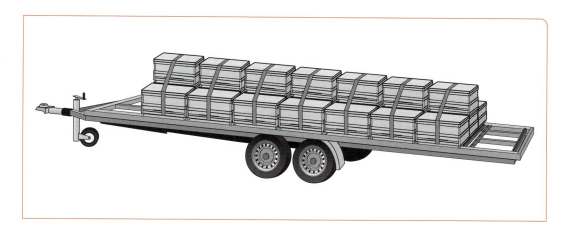

81	Die Bienen zeigen Vergiftungserscheinungen
84	Standimker bereiten Ärger
84	Der Honig ist zu nass
85	Bienen überwintern schlecht

87 Zu guter Letzt
87 Die 10 Gebote des Wanderns mit Bienen
87 Trachtpflanzen und wie Sie diese nutzen
96 Regionale und seltene sonstige Trachten

99 Service
99 Literatur
99 Adressen
100 Bildquellen
101 Register
104 Impressum

Vorwort

Unabhängig davon wo Ihre Bienen sammeln: Es gibt hierzulande keinen Standort und keine Region, in der sie vom zeitigen Frühjahr bis in den Herbst ununterbrochen Tracht haben. Gegenden, in denen die Frühtracht reichlich fließt, dörren häufig im Sommer aus und Standorte mit einer sehr guten Spättracht lassen die Bienen im Frühjahr hungern. Selbst in den an Trachtflächen so reichen und vielfältigen Städten versiegen die Nektarquellen wenige Wochen nach der Sommersonnenwende. Die Alternative lautet: Wandern!

Doch nicht nur die Vegetation entscheidet darüber, ob die Bienen aus dem Vollen schöpfen können. Mindestens ebenso wichtig ist das Wetter. Ein frischer Regenguss und kurz darauf einsetzende schwülwarme Temperaturen lassen die Säfte in den Trachtpflanzen emporschießen und geben Nektar in Überfülle. Der Waldtracht andererseits kann ein ordentlicher Regenguss ein plötzliches Ende bereiten.

So steht der Imker immer wieder vor diesen Fragen:
- War's das mit der diesjährigen Tracht?
- Wie stelle ich die kontinuierliche Ernährung meiner Bienen sicher?
- Soll ich zwischen- oder einfüttern?
- Steht der Aufwand, den ich mit meinen Bienen treibe, in einem vernünftigen Verhältnis zum Honigertrag?

Die Lösung lautet: Wandern Sie mit Ihren Bienen!

Das gilt besonders für jene Bienenhalter, die sich von der Bienenhaltung einen Zusatzverdienst erhoffen. Alle Erwerbsimker, die nicht vor allem von der Zucht und dem Verkauf von Bienenvölkern leben, wandern! Doch auch für Imker, die ihr Hobby als sinnvolle und erfüllende Freizeitbeschäftigung begreifen, ist die Wanderung die ideale Möglichkeit, mehr Zeit mit ihren Lieblingen zu verbringen. Wanderung ist Urlaub für den Imker – und für die Bienen.

Im Zuge der Recherche für dieses Buch begegnete ich vielen verschiedenen Imkern. Für nicht wenige ist die Wanderzeit die schönste Zeit des Jahres. Einer berichtete begeistert davon, wie er sich nach dem Aufstellen seiner Beuten müde vor die Fluglöcher seiner Bienenvölker schlafen legt. Auf dem Feld oder im Wald unter freiem Himmel verbringt er die erste Nacht am neuen Standort mit seinen Bienen gemeinsam. Die Bienen summen ihn in den Schlaf und wecken ihn am Morgen. Andere Imker erzählen von den einprägsamen Naturerlebnissen, mit denen die Wanderimkerei verbunden ist, von röhrenden Hirschen in der Heide oder von Fasanen, die unmittelbar aus dem blühenden Rapsfeld auftauchen.

Doch jedes Vergnügen hat leider auch seine Schattenseiten. Eine Wanderung mit Bienen birgt Risiken:
- Auf dem Transport können die Völker wegen mangelhafter Ladungssicherung verrutschen.
- Der Fahrzeugführer kann wegen Übermüdung unvorsichtig werden.
- Der Wanderimker kann sich in der ländlichen Einöde verletzen und Hilfe von Dritten benötigen.
- Die Völker können in Atemnot kommen und verbrausen.
- Am Wanderstand können die Bienen Opfer von wilden Tieren, Frevlern und Dieben werden.
- Der gesammelte Honig kann unter Umständen nicht richtig trocknen und später verderben.
- Die Völker können – besonders bei den Spättrachten – aufgrund mangelhafter Milbenbekämpfung schlecht überwintern.

Doch all diese Gefahren sollten für Sie kein Hindernis sein.

> **Gut zu wissen**
>
> Die Wanderimkerei hat neben aller Mühe, die zweifellos damit verbunden ist, auch ihre romantischen und erholsamen Seiten. Wandern mit Bienen macht Spaß!

In diesem Buch erfahren Sie, wie die Wanderung mit Bienen praktisch funktioniert. Es ist dabei viel mehr als nur eine Sammlung von Hinweisen und Ratschlägen. Es zeigt Ihnen, wie Sie Ihre Wanderungen planen und umsetzen. Denn so wie Sie das Bienenjahr vorbereiten oder Ihre Königinnen vermehren, brauchen Sie auch einen Fahrplan für Ihre Wanderungen. Sie können nur dann spontan mit Ihren Bienen verreisen, wenn Sie vorher alle Weichen richtig gestellt haben.

Dazu liefert Ihnen dieses Buch die Anleitung.
- Sie erkennen die Vor- und möglichen Nachteile einer Wanderung.
- Sie erfahren, wo Sie interessante Trachten finden und wie Sie mit den Eigentümern des entsprechenden Geländes in Kontakt treten.
- Sie lernen die rechtlichen Voraussetzungen für eine Wanderung kennen.
- Sie analysieren, ob Ihre Beuten für eine Wanderung optimal geeignet sind, und wo Sie noch etwas verbessern können.
- Sie erfahren, wie Sie eine Wanderung planen und die richtige Entscheidung treffen, welche Völker sich für eine Wanderung eignen.
- Sie lesen, wie Sie den Wanderplatz einrichten und für optimale Rahmenbedingungen sorgen.
- Sie lernen alle Möglichkeiten kennen, um Ihre Bienen vor Dieben zu schützen.

- Sie erfahren, wie Sie bei Schäden an Ihrem Wanderstand überlegt handeln, sodass Ihre Versicherung dafür einsteht.
- Außerdem lesen Sie, wie Sie Ihre Ernte sicher nach Hause bringen und ohne Qualitätsverlust schleudern.

Tipp

„Wer die sich darbietende Gelegenheit zum Wandern mit seinen Bienen nicht nutzt, vergibt sich des größten Vorteils freiwillig, den ihm die Bienenzucht gewähren kann und sicher gewährt, wenn die Wanderung rechtzeitig und in rechter Weise ausgeführt wird. Manchem mag dieselbe recht lästig und unbequem erscheinen, aber man bedenke nur „Freiwillig tränkt uns keine Traube, die Kelter nur erpresst den Wein". Übrigens ist's auch gar so schlimm mit der Überführung der Völker nicht, als mancher denkt."
C. J. H. Gravenhorst, Der praktische Imker, Braunschweig 1883, S. 176

Mit Bienen wandern – so war es früher

Seit Menschen und Bienen in enger Gemeinschaft zusammenleben, haben Imker ihre Insekten in ertragreiche Trachten gebracht. Damit unterscheiden sie sich zunächst nicht von anderen Tierhaltern, denn auch Gänse, Rinder und Schweine wurden auf die Weide getrieben. Daher werden ergiebige Trachten oft als „gute Bienenweide" bezeichnet.

Gut zu wissen
Bereits die Ägypter wanderten mit ihren Bienen.

Bienen in der Antike

Bereits die alten Ägypter brachten vor 3000 Jahren mit Schiffen ihre in Tonröhren wohnenden Bienenvölker in fruchtbare Regionen. Der Aufwand lohnte sich, denn Honig galt den Ägyptern als Heilmittel und erzielte einen entsprechend hohen Preis.

Auch aus dem antiken Griechenland wissen wir, dass Bienenstöcke in großer Menge in Trachtfelder gestellt wurden, und dass die antiken Imker 300 Fuß Abstand zum nächsten Imker einhalten mussten. Das berichtet der griechische Lyriker Solon (600 v. Chr.).

Besonders begehrte Trachtgebiete waren die Inselgruppe der Cycladen und das Umland von Athen (Attika), wo damals wie heute der Thymian angewandert wurde. Der beste Honig Griechenlands soll von dem rund 10 km südöstlich vom Athener Stadtzentrum gelegenen Berg Hymettos gestammt haben.

Die Römer und ihre Bienen

Die Römer übernahmen auch die Wanderung mit Bienen von den Griechen. Die römischen Dichter Varro (82 v. Chr.–35 v. Chr.) und Plinius (35–79 n. Chr.) berichten vom hohen Stand der Wanderimkerei in Sizilien, Kreta, Zypern und den umliegenden kleineren Inseln. Auf Schiffen wurden die Bienen zu den Eilanden transportiert, von wo aus die Bienen ihre Sammelflüge starteten. Wenn in einer Bienengegend das Futter abnahm, lichteten die Schiffe die Anker, fuhren 5000 Schritte weiter und ankerten erneut. Die Beuten blieben die ganze Zeit auf den Schiffen stehen. Dies geschah so lange, bis die Wasserfahrzeuge von der Honiglast beschwert, tiefer ins Wasser sanken. Dann nahmen die Schiffe Kurs in Richtung Heimat und die Imker ernteten den Honig ab.

Doch auch an Land wurde gewandert. Man habe die Bienenvölker bei Nacht von Landgut zu Landgut getragen, berichtet Plinius in seiner Naturgeschichte. Das geschah vorzugsweise im Frühjahr. Zuvor wurden alle Bienenstöcke untersucht, ob sie gesund waren. Alte, wackelige und von Motten zerfressene Waben wurden entnommen, nur die besten belassen, sodass die Bienen viele neue aus den besten Blumen bauen konnten. Gutes Wachs mache auch den Honig gut, berichtet Lucius Iunius Moderatus Columella (gest. 70 n. Chr.) in seinem Buch von der Landwirtschaft.

Zeiten ohne Wanderung

Mit dem Untergang des römischen Reiches wurde zwar das Wissen um die Wanderimkerei weitergegeben, aber nicht mehr umgesetzt. Der Zeidler wanderte im Mittelalter nicht *mit* seinen Bienen, sondern *zu* seinen Bienen. Die wohnten fest verwurzelt in ausgehöhlten Bäumen. Auch die später benutzten Klotzbeuten – als Bienenwohnung hergerichtete und in Hausnähe aufgestellte Baumstämme – waren aufgrund ihres Gewichtes für die Wanderung ungeeignet. Das änderte sich erst durch den Übergang zu leichteren Beutensystemen. Im 18. Jahrhundert setzte sich der leichte und handliche Strohkorb durch. Er prägt heute noch bei Laien das Bild von der Imkerei.

Parallel dazu entwickelten sich die heute üblichen Magazinbeuten. So stellte 1779 der schwäbische Pfarrer Johann Ludwig Christ (1739–1813) eine neue hölzerne Beute vor, die Christ'sche Magazinbeute aus Holz.

Das Wanderimkern kehrt zurück

Anfang des 19. Jahrhunderts war die Wanderimkerei bereits wieder üblich. Einzelne Körbe wurden auf dem Kopf, schwerere von zwei Personen in ein Leintuch eingeschlagen und auf zwei Stangen getragen. Der Imker und reformierte Pastor Gabriel Marton rät 1815:

„Muss man aber mehrere Körbe auf einem Wagen fahren, so binde man sie auch einzeln in Tücher. Nachdem man vieles Stroh in den Wagen gelegt, stelle man die Körbe auf ihre Spitzen, sodass die Öffnung der Körbe oben auf ist, die Seiten der Wachstafeln aber gegen die Leitern des Wagens stehen. Der Zwischenraum der Körbe ist gut auszustopfen, und so werden sie langsam fortgeführt. … Nie aber führe man den Bienenkorb so, dass die Haube in die Höhe und der Raum herunterwärts stehe, denn die Wachstafeln trennen sich, stürzen herunter, die Bienen werden in Honig gemischt, und stirbt auch so ein Korb nicht ab, so ist er selten ein guter Mutterstock."

19. Jahrhundert

Diese Grundsätze des Bienenstransports in Körben haben sich im 19. Jahrhundert praktisch nicht mehr geändert. Um das von Marton beschriebene Risiko des Verbrausens zu verhindern, befestigten die Korbimker speziell für die Wanderung einen Kranz mit zwei Strohringen unter der Beute und deckten die Körbe von unten mit einem grob gewobenen Tuch ab.

Die Wanderimker des 19. Jahrhunderts unternahmen bereits mehrtägige Wanderungen mit Leiterwagen. Sie waren mit Zugtieren be-

Im 19. Jahrhundert wurden Bienenstöcke auf den Kopf gestellt und mit dem Leiterwagen in die Tracht transportiert.

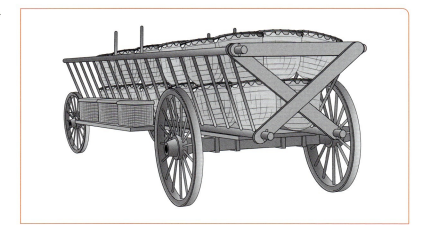

spannt. Leiterwagen waren die LKW der damaligen Zeit. Gewandert wurde nachts. Am Tage rasteten die Imker, während den Bienen die Möglichkeit zum Ausflug gegeben wurde.

Doch je weiter die Eisenbahn auch ländliche Regionen erschloss, desto mehr wurde das neue Transportmittel auch von den Imkern genutzt. Die Bienenvölker wurden in Güterwaggons geladen und als Stückgut zu der Bahnstation transportiert, die dem Wanderplatz am nächsten war. Dort wartete schon ein Fuhrwerk, das die Bienen weiter zum Wanderplatz brachte.

Wandern im 20. Jahrhundert

Wandern mit der Eisenbahn

Der Berliner Imker Karl Koch gibt in seinem 1942 erschienenen Lehrbuch „Das Bienenvolk und seine Pflege" einen eindrücklichen Bericht von seinen Wanderungen mit der Eisenbahn in die Heide:

„Nun bin ich in Gesellschaft mit Imkerfreunden oft genug selber gewandert in die blühende Heide. Haben wir unsere Völker im Bahnwagen aufgestellt zur Wanderung und fahren wir mit ihnen, in Decken gehüllt durch die Nacht, unter uns dumpfes Räderrollen, neben uns das gleichförmige Bienensummen, durch die Türspalte des Bahnwagens erblickt man die goldenen Sterne am dunklen Himmel, dort im Winkel verrät einer tiefen, traumlosen Schlaf, auf einer Kiste sitzend raucht ein anderer besinnlich sein Pfeifchen, dann geht auch so ein wunderbares Denken und Fühlen durch die Seele, das so wohlig stimmt. Wir sind ganz eins geworden mit unseren Bienen und tasten ab und zu nach den Drahtgazefenstern, ob sie sich nicht etwa zu warm anfühlen, wie eine Mutter nachts nach dem Kinde tastet, ob es zugedeckt ist."

In der Zeit nach dem Zweiten Weltkrieg setzte sich die Wanderung mit dem LKW beziehungsweise PKW und Anhänger durch. Das ersparte das mehrmalige Umladen. Im Gegensatz zu heute wurde direkt am Wanderstand, vor dem Aufbruch in die nächste Tracht, geschleudert.

Dazu mussten die Schleuder, ein Tisch, die Entdeckelungsgeräte sowie Gefäße für den Honig mit an den Wanderstand transportiert werden. Gearbeitet wurde dann in einem Zelt. Um die Bienen am Räubern zu hindern, waren die Eingänge oder ganze Wände durch Fliegengitter ersetzt. Der Boden wurde mit einer Plane abgedeckt. Geschleudert wurde selbstverständlich von Hand.

Das Schleudern auf dem Feld war auch noch zu DDR-Zeiten weit verbreitet. Dort hatten die als Wanderwagen umgebauten Bauwagen eine kleine Kammer, die als Schleuderraum genutzt wurde. Die speziell für den Wanderwagen gebaute, schmale Radschleuder erfreut sich wegen ihres geringen Platzbedarfs auch heute noch großer Beliebtheit (siehe Service Seite 99).

Vom Korb zur Wanderbeute

Bereits seit Anfang des 20. Jahrhunderts setzten sich bei Wanderimkern die Magazinbeuten durch. Allein die Imker der Heide blieben bei der Korbimkerei, die eine ganz andere Betriebsweise notwendig macht.

Im Gegensatz zu den Körben, die unten offen und für die Wanderung mit einem luftdurchlässigen Tuch versehen wurden, hatten die Magazine und die Hinterbehandlungsbeuten einen geschlossenen Boden. Deshalb mussten die Imker auf andere Weise für die auf einer Wanderung so wichtige, gute Belüftung sorgen.

Sie setzten zunächst einen leeren Honigraum auf und klemmten vor das Flugloch ein Fliegengitter. Bei Hinterbehandlungsbeuten ersetzten sie das Glasfenster auf Rückseite der Beute durch ein mit Fliegengaze bespanntes Fenster. Außerdem drehten sie die Beuten kurzerhand um, sodass sich der Honig-/Trommelraum unten befand.

In den 1950er Jahren wurden sowohl für Magazinbeuten als auch für Hinterbehandlungsbeuten sogenannte Wanderfronten entwickelt. Dabei können die Bienen durch das Flugloch nach außen krabbeln und sich an der Front der Beute aufketten. So erhalten sie die während der Wanderung notwendige Kühlung. Gleichzeitig hindert sie die Wanderfront am Abfliegen.

Norm- und Wanderbeute

Imker in der damaligen DDR nutzen die 1952 eingeführte Normbeute 52. Das war eine speziell für die Wanderung entwickelte Hinterbehandlungsbeute mit einer Wanderfront. Oft waren die Beuten fest in Wanderwagen eingebaut. Diese Bienenwohnungen wurden über die Bäuerliche Handelsgenossenschaft an die Imker abgegeben. Sie sind heute noch besonders bei älteren Imkern im Gebrauch.

Hohenheimer Beute mit Wanderfront

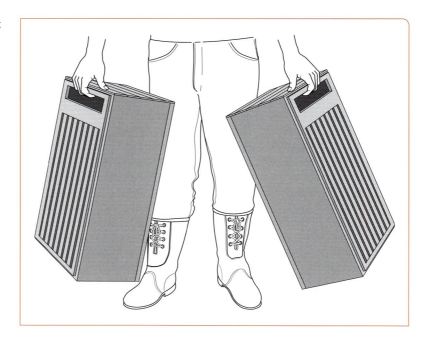

Im Westen nutzte die einige Jahre später vorgestellte Hohenheimer Wanderbeute das Prinzip der Wanderfront.

Beiden Beuten – der Hohenheimer und der Normbeute – ist gemeinsam, dass die Wanderfront fest eingebaut ist, wobei sie bei der Normbeute abgenommen werden kann, was in der Praxis jedoch nicht vorkam. Die Wanderfront der Hohenheimer Wanderbeute konnte auch als Griff für das leichte Tragen der leeren Zargen genutzt werden.

Wandern in der DDR

Die Wanderung wurde in der DDR sehr stark gefördert. Alle Fragen rund um die Wanderung und die Nutzung einzelner Trachten erhielten große Aufmerksamkeit. Die Bestäubungsleistung und der Honig der Bienen war gleichermaßen gefragt.

Der Einsatz der Bienen in der Landwirtschaft war so generalstabsmäßig organisiert, wie es in der freien Marktwirtschaft nur während der Mandelblüte in Kalifornien üblich ist. Für den einzelnen Imker war das bequem. Seine Bienen wurden für die Wanderung von der Landwirtschaftlichen Produktionsgenossenschaft (LPG) abgeholt, eine Imkerkommission ermittelte die Zahl der Brutwaben und damit die während der Tracht zu erwartende Stärke der Bienenvölker. Entsprechend der Zahl dieser Waben erhielt der Imker eine Bestäubungsprämie. Nach Trachtende wurden seine Bienen in die nächste Tracht transportiert oder zurück an den heimatlichen Stand gebracht.

Außerdem unternahmen DDR-Wissenschaftler Anstrengungen, eine langrüsselige Biene zu züchten, um die Rotklee-Tracht besser nutzen zu können, und es wurden Methoden zur Duftlenkung der Sammelbienen in bestimmte Trachten entwickelt.

Der Grund all dieser Bemühungen: Der von den DDR-Imkern gewonnene Honig war ein wichtiger Devisenbringer und ging fast komplett in den Export. Durch die Wende 1989 kollabierte auch dieser Teil der DDR-Wirtschaft. Damit brach das organisierte Wanderwesen zusammen. Fortan hing die Wanderung mit Bienen wie bei den Kollegen in Westdeutschland allein von der Eigeninitiative der Imker ab.

Neues Interesse am Imkern

In den letzten Jahren hat das Interesse an der Imkerei wieder merklich zugenommen. Mehr Imker wollen mehr Zeit mit ihren Bienen verbringen. Außerdem sucht die Landwirtschaft händeringend nach Bestäubern. Die Prämien steigen. All das hat dazu geführt, dass auch das Interesse an der Wanderung mit Bienen wieder zunimmt.

Gut zu wissen
Das Interesse an der Wanderung mit Bienen steigt..

So lohnt sich eine Wanderung

Für Imker, deren Bienen nach der ersten Tracht im Frühjahr bereits hungern, ist es gar keine Frage: Sie müssen wandern. Doch wie sieht es bei jenen aus, die vor Ort über ein ausreichendes Trachtangebot verfügen? Auch für sie kann das Verstellen ihrer Bienen interessant sein. Zuvor sollten indes die Vor- und die Nachteile gründlich abgewogen werden.

Sehen Sie die positiven Seiten ...

1. Vorteil: Erweitern Sie Ihr Honigangebot

> **Tipp**
> Wer wandert, erweitert sein Trachtangebot.

Standimker können an günstigen Standorten in der Regel zwei- bis dreimal Honig ernten und so einen Frühlings-, einen Frühsommer- und einen Spätsommerhonig ernten. Häufig sind es aber auch nur zwei Schleuderungen.

Wer sein Trachtangebot erweitern möchte, der kommt um eine Wanderung mit seinen Bienen nicht herum. Für eine Wanderung in den Raps sind im Mai nirgendwo weite Wege notwendig, denn durch die hohe Nachfrage nach Rapsöl für die Lebensmittel- und Bio-Diesel-Herstellung werden in Deutschland jährlich 1,3 Millionen Hektar Ackerboden (Stand 2012) mit dieser Ölfrucht bestellt.

Für andere Sorten wie zum Beispiel Sonnenblumen-, Kornblumen-, Robinien-, Edelkastanien-, Buchweizen- oder Heidehonig müssen für die Wanderung meist weitere Wege in Kauf genommen werden.

Trotzdem lohnt sich die Mühe. Manche Sorten wie etwa der malzige Buchweizenhonig oder der leicht bittere Edelkastanienhonig werden von Honigliebhabern bevorzugt. Wer ihn im Programm hat, erzielt nicht nur gute Preise, sondern hebt sich auch von der Masse der Imkerkollegen ab. „Wir haben seltene Sorten im Programm", ist ein gutes Verkaufsargument.

2. Vorteil: Verbessern Sie die Pollenversorgung

Dass Deutschland ein Pollenmangelgebiet sei, war ein lange in der Imkerschaft kursierender Irrglaube. Sicherlich mag es einige Imker geben, die ihre Bienen zum Beispiel in der Nähe von Kartoffel- oder konventionell bewirtschafteten Getreidefeldern halten. Bei diesen könnte die Pollenversorgung möglicherweise besser sein.

Für alle anderen, vor allem aber für Stadtimker und Imker in einem kleinteilig gegliederten ländlichen Raum mit Feldgehölzen, Hecken, Wäldern und Blühstreifen ist die Pollenversorgung kein Thema. Trotzdem lohnen sich die meisten Wanderungen allein schon wegen der zusätzlichen Pollentracht. Eine Ausnahme ist die Wanderung in die notorisch pollenarme Robinientracht.

Erfahrene Wanderimker berichten davon, dass die Völker, die aus der Edelkastanie kommen, sich besonders gut in der Heide entwickeln und diese wiederum – eine gute Varroabehandlung vorausgesetzt – dank vieler gesunder Jungbienen besonders gut überwintern.

Sollten bei einer Wanderung die Ergebnisse der Honigernte hinter den Erwartungen zurückbleiben, wie dies in den vergangenen Jahren häufig bei der Sonnenblume der Fall war, dann tröstet sich der Imker damit, *„dass die Wanderung wenigstens für die Pollenversorgung gut war"*. Die Goldrute Anfang August anzuwandern, ist weniger wegen des Honigertrags sinnvoll als vielmehr wegen des Pollens für gut versorgte Winterbienen.

3. Vorteil: Sparen Sie bei der Einfütterung

Der Zuckerpreis kannte in den vergangenen Jahren nur eine Richtung, die nach oben. Daher kann es eine interessante Alternative sein, noch späte Trachten anzuwandern. Bei einem Zuckerpreis von 1 €/kg und einem Bedarf von 20 Kilo pro Volk, kommen für 10 Völker bereits 200 € an reinen Futterkosten zusammen. Bei mittleren Imkereien ergeben sich schnell Summen, die in die Tausende gehen.

Der Honig, den die Bienen nach den vom Imker genutzten Trachten herstellen, bleibt als Wintervorrat in den Völkern. Für Wanderungen, die der Einfütterung dienen, eigenen sich besonders solche Blütentrachten, die den Darm der Bienen nicht belasten. Die Heide sollten Sie daher nicht in Betracht ziehen. Bestens geeignet ist das sich immer weiter ausbreitende drüsige Springkraut sowie das als Zwischenfrucht und Gründüngung in der Landwirtschaft dienende Büschelschön (Phacelia).

Größere Imkereien fahren ihre Bienenvölker zur Überwinterung nach Spanien oder Italien. Allein durch die dort herrschende längere Vegetationsphase und durch das eingesparte Futter lohnt sich der Weg durch Frankreich oder über die Alpen.

> **Gut zu wissen**
> Für größere Imkereien lohnt sich die Fahrt nach Spanien oder Italien, um dort die Bienen überwintern zu lassen.

4. Vorteil: Nutzen Sie Ihre Betriebsmittel besser

Auch aus betrieblichen Gründen lohnen sich Wanderungen. Betrachten Sie dazu Ihre Maschinen (beispielsweise die Schleuder) sowie alle anderen Geräte wie Siebe, Anhänger und letztlich auch Ihre Bienenvölker als Betriebsmittel, um Imkereiprodukte herzustellen. Wie in jedem produzierenden Betrieb sollten alle Anlagen so wenig wie möglich stillstehen. Imkerei ist, wie alle Landwirtschaft, ein reines Saisongeschäft, darum spricht viel dafür, die Saison so lang wie möglich auszudehnen.

> **Beispiel**
>
> Für eine 6-Waben-Selbstwendeschleuder zum Neupreis von 4000 € ergibt sich in einer Hobby-Imkerei mit 20 Völkern folgender Maschinenstundensatz. Die Kosten werden linear auf fünf Jahre abgeschrieben. Der kalkulatorische Zins beträgt 6 %.

Maschinenabhängige Fertigungsgemeinkosten/Jahr	Fix + variabel
AfA (steuerrechtlich: Absetzung für Abnutzungen)	800 €
Kalkulatorischer Zins	144 €
Energie/Platz/Reparatur	100 €
Summe	1.044 €

Betreibt der Imker eine Standimkerei, ist er zudem in der glücklichen Lage, dreimal schleudern zu können und nutzt dafür drei Wochenenden im Frühsommer und Sommer, so ist von einer Laufzeit der Schleuder von nur 50 Stunden im Jahr auszugehen. Er hat also Fertigungskosten von knapp 21 €/Stunde. Ein Wanderimker, der drei weitere Trachten nutzt, erhöht die Jahresnutzungsdauer seiner Schleuder um weitere 50 Stunden. Für 100 Stunden reduzieren sich die Schleuderungskosten auf 10,44 €/Stunde.

Eine vergleichbare Rechnung lässt sich auch für die Bienenvölker aufmachen. Aufgrund der besseren Maschinenauslastung sind fast alle Erwerbs- und Berufsimker auch Wanderimker. Sie können es sich ganz einfach nicht leisten, ihre teuren Anlagen noch länger eingemottet zu lassen, als sie es ohnehin schon sind.

... vergessen Sie aber auch die negativen Seiten nicht

> **Gut zu wissen**
> Natürlich verursacht eine Wanderung auch zusätzliche Kosten.

1. Nachteil: Zusätzliche Kosten

Anhänger, Zugmaschine, Transportgeräte und verschiedene Kleinteile wie beispielsweise Gurte verursachen Kosten, die ein Standimker nicht hat. Die Bienen wollen schließlich an neue Trachtplätze transportiert sein.

Viele bisherige Standimker, die sich dafür entscheiden, mit einem Teil ihrer Völker zu wandern, übersehen, dass ihre bisher genutzten Beuten nur bedingt dafür geeignet sind. Eine Wanderung schont die Beuten nicht. Es können Kläppchen und Haken abreißen. Unter Umständen sind die Beuten durch einen fehlenden offenen Boden schlecht belüftet oder es gibt keinen Trommelraum, in dem sich die Bienen während des Transports aufhängen können. Neigen die Zargen dann auch noch während der Wanderung zum Verrutschen, kann es sinnvoll sein, die bisher genutzten Beuten komplett gegen wandertaugliche Exemplare auszutauschen. Kostenpunkt: Mindestens 100 € je Beute.

Weitere Kostentreiber für Wanderimker sind die Ausgaben für Betrieb und Unterhalt des Imkerautos oder Transportfahrzeugs. Ein schwerer Anhänger verwandelt jedes noch so sparsame Auto in einen Spritfresser. Dies gilt besonders bei weiter entfernten Trachten oder solchen, die es nur in den Mittelgebirgen gibt wie zum Beispiel Edelkastanie oder Waldhonig. Wer wandern will, sollte alle diese Kosten im Auge behalten.

Gut zu wissen

Wer in der Stadt lebt oder in einem Ballungsraum, hat es meist nicht weit bis zum nächsten Anhänger- oder Autoverleih. Für die wenigen Wanderungen lohnt es sich nicht, einen Anhänger zu kaufen. Für einen neuen Anhänger, mit dem Sie 10 Beuten transportieren können, müssen Sie mit einem Nettopreis von rund 1400 € rechnen. Sollten Sie ihn ausschließlich für die Bienen brauchen, wird sich eine Anschaffung verglichen mit den Kosten für das Ausleihen in den meisten Fällen nicht auszahlen.

2. Nachteil: Mehrarbeit

Für Standimker ist die Bienensaison in den meisten Gegenden Deutschlands Mitte Juli schon wieder vorbei. Es bleibt genug Zeit für den Jahresurlaub mit der Familie. Bei Wanderimkern sieht das oft anders aus. Zwar ist die Schwarmgefahr gebannt, doch sonst geht die Arbeit an den Bienen ungebremst weiter. Außerdem sollten Sie grundsätzlich die fern von zu Hause am Wanderplatz aufgestellten Bienenvölker nicht ganz sich selbst überlassen und kontrollieren:

- Stehen die Beuten noch oder haben Rowdies oder Wildtiere sie umgestoßen?
- Wurden die Beuten gestohlen?
- Sind die Deckel noch auf den Beuten oder hat sie eine Böe weggeweht?
- Reichen die Wasservorräte noch oder muss nachgefüllt werden?

Falls Sie mit Bienenfluchten arbeiten wollen, müssen sie vor der Ernte eingelegt werden. All das bedeutet in der Regel zusätzliche Fahrerei.

Jede zusätzliche Wanderung bedeutet außerdem Extraarbeit am Entdeckelungstisch und an der Schleuder. Vor allem die wegen seiner besonderen Fließeigenschaften komplizierte Gewinnung des Heidehonigs kann sich über Wochen bis in den Spätherbst hinziehen.

> **Gut zu wissen**
>
> Planen Sie Ihre Bienenwanderung so, dass Sie sich Ihren wohlverdienten Urlaub gönnen können. Bei vielen späten Trachten wie etwa der Sonnenblume kommt es nicht auf tagesgenaues Anwandern an. Es spricht also nichts dagegen, einen dreiwöchigen Urlaub zwischen An- und Abwanderung zu planen.

3. Nachteil: Die Tracht kann ausfallen

Sie sehen: Als Wanderimker wartet jede Menge zusätzliche damit verbundene Arbeit auf Sie! Dann ist es besonders bitter, wenn eine oder mehrere Trachten komplett ausfallen. Viele Wandertrachten sind mit Risiken verbunden, die Sie kennen sollten, bevor Sie aufbrechen.

Der Raps. Der im Mai blühende Raps kann durch die im Frühjahr noch vorkommenden plötzlichen Fröste so geschädigt werden, dass die Tracht zunächst versiegt. Die mit dem Kohl eng verwandte Rapspflanze beginnt dann neu auszutreiben, sodass es nach vier Wochen zu einer neuen Tracht kommen kann.

Die Robinie. Auch die Robinie ist sehr frostempfindlich. Gefriert es Ende April noch einmal, nimmt die Robinie so kurz vor der Blüte Mitte Mai empfindlichen Schaden. Jedoch sind meist nicht alle Wandergebiete betroffen oder der Frost hat nur in Bodennähe zugeschlagen. So kann aus einer sicheren Tracht eine unsichere werden. Ein weiteres Risiko für die Robinie ist Kühle und Dauerregen. Für die Nektarabsonderung ist schwüle Wärme am besten. Wo diese gänzlich fehlt, fließt auch kein Nektar.

Die Linde. Der beliebte Alleenbaum honigt nur dann, wenn er „mit den Füßen im Wasser steht", wie der Imker sagt. Ist die Witterung sehr trocken, gibt es keinen Nektar und folglich auch keinen Honig.

Der Wald. Ob die Wanderung in den Nadelwald zur Gewinnung des würzigen Waldhonigs ein Erfolg wird, hängt entscheidend von der Population verschiedener Blattlausarten ab. Waldtrachtdienste im Internet oder per Telefon sowie eigene Beobachtungen oder Hinweise von Imkerkollegen machen es möglich, im Vorfeld abzuschätzen, ob sich eine Wanderung rentiert. Allerdings kann ein plötzlicher Gewitterguss die klebrigen Ausscheidungen der Blattläuse innerhalb weniger Minuten abwaschen und die Waldhonigtracht abrupt beenden.

Die Sonnenblume. Durch den Einsatz neuer, auf Ölertrag optimierte Sorten, ist die Sonnenblume zu einer unsicheren Tracht geworden. Als gute Nektarerzeuger haben sich besonders die Sorten „Gala", „Rigasol" und „Sideral" erwiesen. Werden andere Sorten angebaut, kann die Wanderung zu einem Fehlschlag werden.

4. Nachteil: Bienen können geschwächt werden

Ein besonderer Fall, da menschengemacht, ist die Schwächung der Bienenvölker durch Pflanzenschutzmittel. Besonders betroffen davon sind Bienenvölker, die zur Bestäubung in Obstplantagen gefahren werden. Immer wieder kommt es durch unsachgemäße Anwendung von Pflanzenschutzmitteln zu Bienenschäden. Anbauverbände wie beispielsweise Bioland® untersagen daher ihren Mitgliedsbetrieben die Wanderung in konventionelle Obstkulturen.

Spritzschäden gibt es auch beim Raps, während alle Trachten, die den Imker mit seinen Bienen in den Wald führen, bezüglich Pflanzenschutzmitteln ungefährlich sind. Hier warten aber andere Gefahren auf unsere Bienen. Dazu gehören ungünstige Wanderstandorte im feuchten Wald, ein schwankendes Nahrungsangebot sowie Spinnen, für die Bienen ein Leckerbissen sind.

Spätes Wandern

Generell gilt für alle Trachten nach der Sommersonnenwende, dass starke Völker gestärkt und schwache Völker geschwächt werden. Im Gegensatz dazu können frühe Trachten wie der Raps jungen Bienenvölkern und schwach aus dem Winter gekommenen Einheiten einen zusätzlichen Anschub geben, sodass sie sich rasch dem Höhepunkt der Entwicklung ihres Volkes nähern.

Planen Sie die perfekte Wanderung

Die ganze Vielfalt des deutschen Honigs lernen Sie und Ihre Kunden nur kennen, wenn Sie mit Ihren Bienen gezielt einzelne Trachten anwandern. In diesem Kapitel erfahren Sie, wie Sie eine solche Wanderung vorbereiten. Sie erfahren alles über die rechtlichen Aspekte Ihres Vorhabens. Außerdem lesen Sie, wie Beuten beschaffen sein müssen, um die Bienen bequem und verlustfrei zu transportieren. Lernen Sie

Was honigt wann und wie gut?		
Trachtpflanze	Monat	Honigwert
Löwenzahn	April	gut
Ahorn	April–Mai	mittel
Stein-/Kernobst	April–Mai	gut
Winterraps	Mai	sehr gut
Sommerraps	Mai–Juni	sehr gut
Rosskastanie	Mai–Juni	gut
Robinie	Mai–Juni	sehr gut
Himbeere	Mai–Juli	sehr gut
Kornblume	Mai–August	sehr gut
Klee	Mai–September	sehr gut
Sommer-/Winterlinde	Juni–Juli	gut
Götterbaum	Juni–Juli	gut
Edelkastanie	Juni–Juli	gut
Spargel	Juni–September	mittel
Phacelia	Juni–September	sehr gut
Glockenheide	Juni–September	gut
Rotklee	Juli–August	gut
Sonnenblume	Juni–August	gut
Buchweizen	Juli–September	gut
Goldrute	Juli–September	mittel
Besenheide	August–September	gut

abschließend bewährte und vor allem rückenschonende Wandertechnik kennen.

Die beliebtesten Trachten und wo Sie diese finden

Standimker sind auf das angewiesen, was im Umkreis ihres Bienenstandes blüht und honigt. Als Wanderimker können Sie ein viel breiteres Honigsortiment anbieten, weil Sie mit Ihren Bienen immer dorthin reisen, wo es für diese etwas zu sammeln gibt. Eine ausführlichere Beschreiung der wichtigsten Trachten, die jeweils zu erwartenden Honig-

Wandern Sie der Wärme nach

Der Imker Jürgen Binder bringt einen Teil seiner Völker im Herbst nach Süditalien zum Überwintern. Für ihn lohnt sich der weite Weg angesichts der Ersparnis an teurem Winterfutter und des Entwicklungsvorsprungs, den seine Bienen Anfang April nach ihrer Rückkehr aus dem Süden haben. Er berichtet:

„Ich bringe meine Völker im September nach Süditalien. Ich stelle sie im Herbst ab und komme erst wieder zum Abholen im März zurück. Ginge es mir nur um den Entwicklungsvorsprung, könnte ich mit ihnen auch erst im Januar wandern. Alle Wandervölker müssen sehr gut mit Ameisensäure behandelt werden, denn die Bienen brüten durch. Das heißt, dass Oxalsäure nicht wirkt. Außerdem ist Oxalsäure in Italien nicht zugelassen.

Da die Völker bis in den November Tracht haben, lasse ich den Bienen nach der letzten Ernte in Deutschland einen ausreichenden Futtervorrat. Andernfalls müsste ich rund 5 kg zufüttern. Das sind rund 12 bis 15 kg weniger als bei einer Überwinterung in Deutschland. Daher lohnt sich eine Wanderung nach Italien schon ab rund 50 Bienenvölkern.

Da die in Italien überwinterten Völker im Winter stärker bleiben als vergleichbare in Deutschland, kommt eine einzargige Überwinterung nicht in Frage. Generell wird daher auf zwei Zargen überwintert.

Die Bienen starten an ihrem Überwinterungsort in Italien sechs bis acht Wochen zeitiger ins Frühjahr als hierzulande. Bereits im März und nicht erst im Mai sind sie reif für den Honigraum. Kommen sie dann nach Deutschland zurück, kann ich bereits aus dem Vollen schöpfen.

Allerdings hatte ich einiges an Lehrgeld zu zahlen, bis ich diese Betriebsweise entwickelt hatte. Ein mit einem Kühlerschaden in den Alpen liegen gebliebenes Zugfahrzeug hatte ich ebenso zu beklagen wie abgeschwärmte Völker, weil ich die rasante Entwicklung der Bienen im Frühjahr unterschätzt hatte. Andererseits sind mir auch Völker verhungert.

Rechtlich ist der Transport von Bienenvölkern in den Süden kein Problem, sofern die Bienen über die nötige Wandergenehmigung verfügen. Bevor sie den Rückweg nach Deutschland antreten, werden sie selbstverständlich auch vom Amtstierarzt untersucht."

mengen und die Besonderheiten finden Sie am Schluss dieses Buches im Serviceteil ab Seite 87.

Die Tabelle auf Seite 20 gibt Ihnen aber zunächst einen Überblick über wichtige Wandertrachten. In der letzten Spalte finden Sie den Honigwert. Dieser gibt nicht die absolute Bedeutung der Tracht wieder, sondern nur die Bedeutung für die Honigproduktion. So ist beispielsweise der Ahorn eine gute und gern beflogene Trachtpflanze. Die Bienen brauchen zu diesem Zeitpunkt einen Großteil des gesammelten Nektars für den Volksaufbau. Ahornhonig kann daher nur mit sehr starken Völkern und flachen Zargen geerntet werden. Insgesamt ergibt dies in der Tabelle nur einen mittleren Trachtwert.

In drei Schritten zum Wanderplatz

Gute Wanderplätze sind begehrt oder selten. In manchen Gebieten wie zum Beispiel in der Lüneburger Heide soll es für neue und auswärtige Imker fast unmöglich sein, einige Quadratmeter als Stellplatz während der Tracht zu erhalten. Glücklich, wer eine Abstellfläche von einem andern Imker übernehmen kann. Alle anderen sind auf sich selbst gestellt. Sie auch? Dann gehen Sie in drei Schritten vor.

1. Schritt: Legen Sie die Wunschtracht fest

Je nach Motivation sollten Sie sich zunächst darüber im Klaren sein, welche Tracht Sie konkret anwandern wollen. Dazu gehören Überlegungen, wann beispielsweise das Trachtangebot nachlässt und Ihre Bienen neue Nahrungsquellen brauchen.

Stimmen Sie die Wanderung auch mit Ihren Urlaubsplänen ab. Nach der Schwarmzeit können Sie Ihre Bienen zum Beispiel in der Sonnenblumentracht von Mitte Juli bis Mitte August unbedenklich drei bis vier Wochen sich selbst überlassen. Ihre Bienen arbeiten – Sie erholen sich.

Wenn Sie sich nicht sicher sind, welche Tracht Sie anwandern können, empfiehlt sich die gründliche Lektüre des Serviceteils dieses Buches. Dort finden Sie Hinweise, in welchen Monaten gewöhnlich mit welcher Tracht zu rechnen ist. Manchmal locken mehrere interessante Trachten gleichzeitig. Treffen Sie eine Entscheidung, wenn Sie vor Fragen wie dieser stehen: Robinie? Kornblume oder beides?

2. Schritt: Finden Sie das passende Trachtgebiet

Einen Standort ausfindig zu machen, an dem eine Massentracht wie Raps wächst, ist meist nicht schwer, denn dafür reicht eine Fahrt in die Umgebung. Dort erkennen Sie bereits im Oktober des Vorjahres die Rapsfelder, die im Mai in Blüte stehen werden. Anders sieht es zum Beispiel bei Phacelia, Kornblumen und vielen anderen Trachten aus. Erkundigen Sie sich zunächst in Ihrem Imkerverein, bei anderen Imkern oder Ihrem Imkereifachhändler, ob Sie Ihnen Adressen von Grundstücksbesitzern mit interessanten Trachtquellen nennen können.

Kommen Sie so nicht weiter und möchten Sie eine landwirtschaftliche Kultur anwandern, dann helfen Ihnen die Ämter für Landwirtschaft. Diese haben einen genauen Überblick darüber, welche Feldfrüchte im Landkreis angebaut werden. Aus datenschutzrechtlichen Gründen werden sie Ihnen in der Regel nicht mitteilen, bei welchem Landwirt Sie genau nachfragen müssen. Doch sie sagen Ihnen, in welchem Ort des Kreises sich eine weitere Recherche lohnt.

3. Schritt: Nehmen Sie Kontakt zum richtigen Ansprechpartner auf

Ohne Einverständnis des Besitzers, das heißt Pächters oder Eigentümers, dürfen Sie auf fremdem Grund keine Bienenvölker aufstellen. Daher ist es unbedingt notwendig, diesen im nächsten Schritt ausfindig zu machen. Dafür kommen ganz unterschiedliche Ansprechpartner in Frage.

Imkerorganisation: Jetzt kann sich ein Anruf beim lokalen Imkerverein oder einer anderen Gliederung der Imkerorganisation lohnen. Manche Imkervereine haben einen Wanderwart benannt, der auswärtige Imker mit Landwirten und Förstern in Verbindung bringt. Außerdem kann der Wanderwart wertvolle Tipps geben, ob sich beispielsweise im Umkreis des Wanderplatzes Jauchequellen befinden, die von den Bienen möglicherweise angeflogen werden könnten.

Indes zeigt die Erfahrung, dass Wanderimker bei ansässigen Imkern nicht immer gerne gelitten sind. *„Die bringen die Faulbrut mit und nehmen unseren Bienen die Tracht weg"*, lauten die gängigen Vorurteile. Lassen Sie sich von solchen Abwehrmanövern nicht abschrecken. Es gibt noch weitere Ansprechpartner auf dem Weg zur Wunschtracht.

Landwirte: Mit dem Tipp des Landwirtschaftsamts und einem Telefonbuch können Sie nun die landwirtschaftlichen Betriebe abtelefonieren und jeweils nachfragen, ob der Betrieb die gewünschte Frucht anbaut. Wählen Sie dazu die Mittagsstunden. Dann ist die Chance am größten, den Betriebsleiter zu erreichen. Bei einer Absage fragen Sie nach, ob vielleicht ein Nachbar die Wunschtracht anbaut. Meist kommen Sie so rasch ans Ziel.

Förster: Neben der klassischen Waldtracht warten im Wald auch Himbeeren, Edelkastanien und Robinien auf Ihre Bienen. Sie versprechen feine Sortenhonige. Hier ist die staatliche Forstverwaltung Ihr Ansprechpartner: Nehmen Sie Kontakt zum zuständigen Revierförster auf. Diesen erreichen Sie am besten in den frühen Abendstunden. Er weist Ihnen dann einen Standort zu.

In vielen Bundesländern brauchen Sie für einen Standort im Wald nichts zu bezahlen, besonders wenn Sie mit Ihrer Imkerei aus dem gleichen Bundesland kommen und Ihre Bienen „Landeskinder" sind. Kleinere Privatwälder werden von den Revierförstereien mit betreut. Gelegentlich sind dann kleine Beträge von 1 €/Volk fällig. Der Förster gibt Ihnen eine sogenannte Gestattung, die es Ihnen erlaubt, mit dem Auto während der Trachtperiode Ihren Bienenstand anzufahren.

> **Tipp**
> In vielen Imkereivereinen gibt es einen Wanderwart, der Ihnen helfen kann.

Bundeswehr: Liegt die Wunschtracht – zum Beispiel Heide – auf einem Truppenübungsplatz, nehmen Sie Kontakt zum Standortältesten auf. Er teilt Ihnen die Rahmenbedingungen Ihrer Wanderung mit, das heißt an welchen Tagen Sie beispielsweise anwandern und abwandern müssen. Betreten Sie das militärische Sperrgebiet niemals ohne Erlaubnis, nicht ohne Grund stehen im Eingangsbereich Warnschilder mit dem Hinweis „Vorsicht Schusswaffengebrauch".

Verbände: Obst-, Gemüse- und Kräuterbauern sind in Fachverbänden organisiert wie zum Beispiel dem Landesverband bayerischer Feldgemüsebauern oder dem Landesverband Gartenbau Brandenburg. Solche Fachverbände sind die richtigen Ansprechpartner, wenn Sie neben interessant schmeckenden Honigen auch an einer Bestäubungsprämie interessiert sind.

Falls Sie Kornblumenhonig erzeugen möchten, wenden Sie sich am besten an einen Anbauverband oder Öko-Dachverband wie zum Beispiel Bioland®, Naturland®, Demeter® oder die Fördergemeinschaft Ökologischer Landbau.

Der Datenschutz wird in den Verbänden unterschiedlich gehandhabt. Teilweise finden Sie die Mitgliederlisten im Internet, teilweise können Sie diese auf Anfrage erhalten. Kommen Sie so nicht weiter, dann bitten Sie den Verbandsverantwortlichen eine E-Mail mit Ihrem Wanderwunsch an die Mitglieder zu verschicken. Ein an Ihren Bienen interessierter Landwirt kann dann mit Ihnen Kontakt aufnehmen.

Tipp

Mit Ihrem Wanderwunsch stehen Sie nicht allein. Eine prima Möglichkeit zu wandern sind Wandergemeinschaften. Dabei schließen sich mehrere Imker vereinsintern oder -übergreifend zusammen und teilen sich die Vorbereitungen zur Wanderung, zum Beispiel die Absprache mit dem Amtstierarzt und die Vereinbarung eines Wandertermins mit dem Grundstücksbesitzer. Gemeinsam zu wandern und das Hobby mit gleichgesinnten Imkern zu teilen, macht außerdem viel Freude.

Sichern Sie sich Ihren Wanderplatz für das kommende Jahr

Haben Sie erst einmal einen Wanderplatz gefunden, können Sie in der Regel davon ausgehen, sich diesen für die nächsten Jahre gesichert zu haben. Viele Landwirte wählen Jahr für Jahr die gleiche Fruchtfolge. Mögen die Standorte wechseln, eine Tracht wie beispielsweise der Raps bleibt Ihnen erhalten.

Hat der Standort Ihre Erwartungen erfüllt, teilen Sie dem Besitzer Ihr Interesse für die kommende Saison mit. Vergessen Sie ihn auch über das Jahr nicht. Schenken Sie ihm zum Beispiel zu Weihnachten

Honig von seinem Grundstück. So bleiben Sie bei ihm in guter Erinnerung und empfehlen sich für die kommende Saison.

Rechtssicher mit den Bienen wandern

Für die Wanderung mit Bienen sind einige wenige Rechtsnormen zu beachten, die sich im Detail von Bundesland zu Bundesland unterscheiden. Vieles davon fällt in den Verantwortungsbereich des jeweiligen Amtsveterinärs, aus dessen Landkreis Sie abwandern oder in den Sie einwandern. Er entscheidet nach der aktuellen Gefährdungslage bei der bösartigen oder amerikanischen Faulbrut. Verstehen Sie daher die hier genannten Formalien nur als Anhaltspunkte und erkundigen Sie sich im Zweifelsfall bei dem zuständigen Veterinär.

Das Gesundheitszeugnis

Für die Wanderung mit Bienen brauchen Sie ein Gesundheitszeugnis. Es dokumentiert, dass Ihre Bienen gesund sind und von ihnen keine Ansteckungsgefahr mit der amerikanischen Faulbrut für benachbarte Bienenvölker am Zielort ausgeht.

> **Gut zu wissen**
> Wandern Sie nicht ohne das Gesundheitszeugnis.

Die Erlaubnis

Während es beim Gesundheitszeugnis nicht ohne Bürokratie geht, geht es beim Einverständnis des Eigentümers eher formlos zu. Nicht erlaubt ist es allerdings, die Bienen einfach nur abzustellen. Ohne ein ausdrückliches Einverständnis geht es nicht. Die Hinweise, wo Sie Ihre Bienen abstellen dürfen, können ganz unterschiedlich sein: Es gibt Eigentümer, die Ihnen den Standort Ihrer Bienen völlig freistellen. Andere kennzeichnen den Standplatz mit einem Schild und Markierungen wie zum Beispiel einem farbigen Band an einem Ast (Bild 1 auf Tafel 8).

Eine Gestattung oder ein Gestattungsvertrag ist dann nötig, wenn Sie auf Wegen mit Ihrem Gespann unterwegs sind, die nur für den land- und forstwirtschaftlichen Verkehr geöffnet sind. Diese Gestattung gilt nur, solange Sie Ihre Bienen transportieren oder am Wanderstand betreuen.

Der Imker darf damit zum Beispiel nicht Grillgut und Sitzbänke durch den Wald zu einem Grillplatz transportieren und sich auf die Gestattung berufen, weil das sich daran anschließende Grillvergnügen nichts mit seiner Imkerei zu tun hat. Damit sollen die Störungen für Wildtiere so gering wie möglich gehalten werden.

Der lokale Wanderwart

Eine Genehmigung des lokalen Wanderwarts ist nicht notwendig, sondern vielmehr eine Frage des guten Tons. Als Mitglied des lokalen Imkervereins am Wanderort sorgt er dafür, dass Wanderimker ihre Beuten nicht direkt in die Nachbarschaft von einheimischen Imkern stellen. In manchen Kreisen hat der Wanderwart jedoch weiterreichende, ihm vom zuständigen Amtsveterinär übertragene Befugnisse.

Er prüft beispielsweise, ob alle Wanderstände ordnungsgemäß beim Amtsveterinär gemeldet sind, ob sie die vorgeschriebene Kennzeichnung haben und ob die Bienen gut mit Wasser versorgt sind. Schon aus diesem Grund kann es nicht schaden, den Wanderwart über die anstehende Wanderung zu informieren.

Wanderordnungen
Einzelne Landesverbände und Imkervereine haben sich sogenannte „Wanderordnungen" oder „Wanderempfehlungen" gegeben. Diese fassen die für die Wanderung maßgeblichen gesetzlichen Vorschriften zusammen. Dazu gehören beispielsweise die für das jeweilige Bundesland geltenden Bienenseuchen- und Bienenschutzverordnungen sowie die entsprechenden Normen aus dem Tierschutzgesetz und dem Waldgesetz.

Das berechtigte Anliegen der Wanderordnung ist es, alle für die Einwanderung in das jeweilige Bundesland wichtigen Normen für den Wanderimker handhabbar zu machen. Wenige Wanderordnungen enthalten noch zusätzliche Regelungen, wie zum Beispiel die Verpflichtung, sich der Entscheidung einer Kreiswanderkommission zu unterwerfen, die über die Erlaubnis einer Wanderung entscheidet.

Lassen Sie sich davon nicht ausbremsen. Es bleibt dabei, dass nur der Grundstückseigentümer/-pächter darüber entscheidet, ob er es zulässt, dass auf seinem Grund Bienen aufgestellt werden. Und allein der Amtsveterinär kann aus seuchenrechtlichen Erwägungen die Aufstellung ablehnen.

Checkliste

Meine Beuten – Wie gut eignen sie sich für das Wandern?
Im Imkereifachhandel wird eine große Vielfalt verschiedenster Beutensysteme angeboten. Im Prinzip lassen sich alle Beuten auch für eine Wanderung verwenden – allerdings nicht gleich problemlos. Diese Checkliste hilft Ihnen dabei, Ihre Beuten auf die Wandereignung zu prüfen. Sie gibt Ihnen auch Hinweise darauf, wie Sie Ihre Beuten modifizieren können, um Ihre Bienen sicher von Wanderplatz zu Wanderplatz zu transportieren.

- **Meine Beuten haben einen hohen Wanderboden.** Begründung: Ein hoher Boden gibt die Möglichkeit, eine Traube zu bilden. Die früher gebräuchlichen Hinterbehandlungsbeuten hatten einen aus einem Gitter bestehenden Wandervorsatz. Die Bienen konnten während der Wanderung die Beute verlassen und sich an dem Gitter aufhängen.
- **Meine Beuten sind gut belüftet.** Begründung: Eingesperrt zu sein und einem ungewissen Schicksal entgegenzureisen, kann zu einer gewissen Erregung im Bienenvolk führen. Hier hilft kühle Frischluft. Ein großes

Lüftungsgitter im Boden sorgt dafür. Außerdem gibt es im Imkereifachhandel sogenannte Wanderdeckel, die ein Lüftungsgitter haben. So kann Luft durch die Beuten strömen. Eine sehr gute Belüftung ist besonders nötig, wenn Sie in der Sommerhitze am Tag wandern wollen oder müssen.

- **Meine Beuten sind stabil.** Begründung: Beuten sind auf einer Wanderung erheblichen Belastungen ausgesetzt. Sie werden geschoben, gehoben und gezogen. Sie können anstoßen und möglicherweise auch umfallen. Bewährt haben sich Holzbeuten. Sie lassen sich leicht reparieren.
- **Meine Beuten sind kompakt.** Begründung: Viele Beutensysteme haben Kläppchen, Haken, Riegel und andere Beschläge. Außerdem gibt es herausragende Flugbretter, Deckel und Griffleisten. Die Beschläge können verbiegen oder sich während des Transports in die danebenstehende Beute bohren. Herausragende Bauteile können abbrechen, splittern oder hinderlich beim Verzurren sein. Am funktionalsten sind daher Beutensysteme, die integrierte Griffleisten haben und mit möglichst wenig Beschlägen auskommen.
- **Meine Beuten sind leicht.** Begründung: Wer seine Beuten ohne mechanische Hilfe auf einen Anhänger oder auf Bohlen oder Paletten am Wanderplatz wuchtet, ist für jedes Kilo dankbar, das er nicht tragen muss. Wem es auf das Gewicht ankommt, der ist mit Styroporbeuten gut bedient, muss aber vorsichtig damit hantieren.
- **Die Zargen meiner Beuten verrutschen nicht.** Begründung: Nicht sicher verschlossene Beuten, aus denen unerwartet Bienen quellen und sich stechend auf alles stürzen, was sich in der Nähe bewegt, sind sehr unangenehm. Daher nutzen Wanderimker Magazine mit Falz oder Leisten, welche die übereinander gestapelten Zargen sicher in ihrer Position halten.

Auswertung: Je mehr Aussagen Sie zustimmen konnten, desto besser sind Ihre Beuten für die Wanderung geeignet. Wo Sie nicht zustimmen konnten, prüfen Sie, ob Abhilfe möglich ist. So können Sie zum Beispiel falzlose Zargen mit innen angebrachten Holzdübeln gegen das Verrutschen sichern.

Tipp

Verhindern Sie das Verbrausen von Bienenvölkern, indem Sie stets mit offenem Gitterboden wandern. Prüfen Sie daher vor Ihrer ersten Wanderung in der Saison, ob Sie wirklich alle Windeln entnommen haben und legen Sie während der ganzen Wandersaison auch keine mehr ein. Sie könnten deren Entnahme einmal vergessen.

Gitterboden

> **Gut zu wissen**
> Horizontal gedrahtete Rähmchen sind zum Wandern am besten geeignet.

Für das Wandern geeignete Rähmchen

Über kaum einen Punkt der Imkerei sind sich Imker so sehr uneins wie über das „richtige" Rähmchenmaß. Das gibt es aber nicht – auch für die Wanderimkerei nicht. Trotzdem gibt es einige Hinweise, die Sie sich durch den Kopf gehen lassen sollten, bevor Sie die Bienenwohnung einrichten. Die Rähmchen sind darin die Möbel.

Rähmchen, die zum Wandern eingesetzt werden, sollten horizontal gedrahtet sein. Bei den Erschütterungen durch die Wanderung hängen die Waben besser in den Drähten. Besonders Jungfernwaben können an vertikalen Drähten einfach herunterrutschen und eine Katastrophe auslösen. Drahten Sie Ihre Rähmchen horizontal, beugen Sie dem Verbrausen Ihrer Völker wirksam vor.

Dadanträhmchen

Dadanträhmchen werden von vielen Berufs- und Erwerbsimkern im Brutraum genutzt. Als Honigräume dienen Flachzargen, zum Beispiel 2/3 Langstroth. Der Grund: Durch das Dadantmaß und das dabei verwendete Trennschied kann der Brutraum immer so angepasst werden,

Dadant

dass die Bienen kaum Honig im Brutraum ablagern. Das heißt, fast der ganze gesammelte Honig landet in den Honigräumen.

Gleichzeitig erleichtert das Dadantmaß die Schwarmkontrolle, weil nur eine und nicht mehrere Zargen auf aufkommende Schwarmneigung kontrolliert werden müssen. Die Flachzargen machen es möglich, auch weniger ergiebige Trachten anzuwandern. Allerdings muss der Imker unbedingt die Futtervorräte im Blick behalten und gegebenenfalls in einer Futtertasche eine Notration mit in den Brutraum geben.

Flachzargen
Bei manchen Hobbyimkern sind Flachzargen beliebt. Der Grund dafür ist, dass der Imker durch die flachen Rähmchen mehr Honig aus dem Futterkranz entnehmen kann. Das gilt besonders bei den späten Trachten. Angesichts des schrumpfenden Brutnestes rückt der Futterkranz immer näher an die Brut. Imker mit normalgroßen Formaten müssen viel Honig in den Brutwaben belassen, weil bebrütete Waben nicht geschleudert werden dürfen.

> **Tipp**
> Normal große Zargen sind leicht zu transportieren.

Normalzargen

Die meisten Imker wählen Normalzargen, die sie universell einsetzen können. Dass sie damit in der Regel weniger Honig ernten, stört sie nicht.

Normalgroße Zargen lassen sich leicht transportieren und bieten ein gutes Verhältnis von Größe und Arbeitsaufwand. Eine Wanderbeute in der Hochsaison hat drei Zargen. Eine gleichhohe Beute aus Flachzargen hat fünf. Das bedeutet mehr Arbeit für den Flachzargenimker.

Mit Wandertechnik den Rücken schonen

Wer sein Vorhaben nicht mit einem Wanderwagen und fest eingebauten Beuten umsetzt, kommt in den meisten Fällen nicht umhin, Beuten zu einem Anhänger zu transportieren und auf die Ladefläche zu heben. Am neuen Standort wiederholen sich die Arbeitsschritte in umgekehrter Reihenfolge. Das schadet auf Dauer dem Rücken.

Ohne etwas Wandertechnik sollte daher auch eine kleine Wanderung mit zehn oder weniger Bienenvölkern nicht in Angriff genommen werden. Unterscheiden Sie dabei Transport- und Hebetechnik sowie verschiedene Anhängertypen.

> **Tipp**
>
> Betrachten Sie Transport- und Hebetechnik sowie den von Ihnen verwendeten Anhänger und das Zugfahrzeug immer als Einheit. Beachten Sie die Kapazitätsgrenzen. Sie nutzen nur dann Ihre Wandertechnik optimal, wenn alles aufeinander abgestimmt ist und Ihnen ein zügiges Arbeiten erlaubt. Wenn Sie für einen Ladevorgang nur drei Minuten veranschlagen, sind Sie mit 20 Völkern bereits eine Stunde vollauf beschäftigt.

So transportieren Sie die Beuten sicher am Stand

Wanderkarren gibt es mit Rad in der Mitte (Schubkarrentyp) und mit außenstehenden Rädern (Flaschenkarrentyp). Mit dem Schubkarrentyp sind Sie bis 60 kg Last gut in unebenem Gelände unterwegs. Der Flaschentyp eignet sich für schwerere Beuten. Er wankt in unebenem Gelände beim Transport mehr nach links und rechts. Daher ist eine seitliche Sicherung, zum Beispiel durch Holme, sehr wichtig, damit die Last nicht von der Karre kippt.

Alle Wanderkarren sollten leicht zu transportieren sein und auf dem Anhänger wenig Platz wegnehmen. Idealerweise sind sie so flach, dass sie sich nach dem Aufladen der Beuten problemlos verzurren lassen. Da sich herkömmliche Schub- oder Sackkarren nur bedingt für die Imkerei eignen, haben Sie die Wahl zwischen folgenden Modellen, die speziell für Imker entwickelt wurden.

Mit Wandertechnik den Rücken schonen 31

Die Wanderkarre nach Burmeister wird im Imkereifachhandel angeboten. Sie ähnelt einer Kreuzung zwischen Sackkarre und Schubkarre. Von der Sackkarre hat sie den kurzen Teller, auf dem die Kante der Beute abgestellt wird. Von der Schubkarre hat sie das Rad in der Mitte. Zum Transport wird die Beute mit der einen Hand festgehalten, mit der anderen wird die Karre gekippt. Dann können Sie losfahren.

Die Burmeister-Karre wurde fürs Gelände konstruiert, doch grobe Unebenheiten wie beispielsweise Wurzeln oder Maulwurfshügel stellen ein Hindernis dar. Hohe und damit kopflastige Beuten sind schwieriger zu balancieren und können von dem kleinen Teller kippen.

Die Magazinkarre Ivonne (siehe Zeichnung) gleicht einem Flaschenwagen, wie er früher für das Autogenschweißen genutzt wurde. Dieser diente dazu, die Flaschen mit Acetylen und Sauerstoff bequem und sicher auf unebenen Baustellen zu transportierten. Ivonnes Räder sind mit 53 cm kleiner als die Räder an den Flaschenwagen, aber größer als an der Burmeister-Karre.

Die Beute steht zwischen den Rädern und langen Seitenstegen, an denen die Griffe montiert sind. So kann die Bienenwohnung während des Transports nicht vom Teller kippen. Zum Beladen eines Anhängers können die Beuten mittels zweier Auffahrrampen (ca. 50 € im Fahrzeughandel) fast auf die Höhe der Ladefläche (nicht bei Hochladern) gefahren werden. Von dort lassen sich die Beuten vom Teller der Karre

Die Magazinkarre Yvonne ist gut geländegängig und kann leicht gekippt werden.

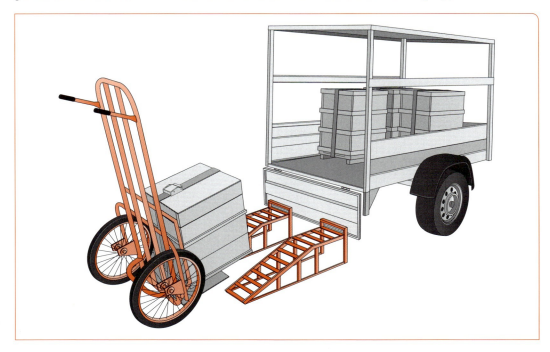

auf die Ladefläche kippen und an den richtigen Platz rücken. So eingesetzt, brauchen Sie keine zusätzliche Hebetechnik und schonen Ihren Rücken. Hersteller der Karre ist Konrad Pape (siehe Serviceteil Seite 100).

Die Wanderkarre Pick up car (siehe Foto 1 auf Tafel 5) wird über die Beute gestülpt. Beim Anheben der Griffe legt sich ein Zangenmechanismus um den Boden der Beute und hebt sie sicher an. Mit einem großen Rad lässt sich die Beute nun durch unwegsames Gelände transportieren: Sie gleicht einer großen Schubkarre.

Kopflastige Beuten zum Beispiel mit vollem Honigraum sind wegen ihres hohen Schwerpunktes schlecht damit zu transportieren, weil der Zangenmechanismus ungenügend greift. Die Karre können Sie nur direkt beim Hersteller (http://www.biprolex.com) beziehen.

Die Wanderkarre mit Gitterteller ist eine einfache Konstruktion, die einer Schubkarre gleicht. Statt der Wanne ist ein Schuhabstreifer mit einer Größe von 62 cm × 62 cm angeschraubt. Die Beute wird auf diese Fläche gestellt, dann die Karre an den Griffen angehoben und die Beute transportiert. Die Karre hat ein Schubkarrenrad mit einem Durchmesser von 40 cm.

Die Wanderkarre Api Lift (siehe Foto 4 auf Tafel 8) verbindet Transport- und Hebegerät. Je nach Einsatzort können die Räder als Wanderkarre zum Schub- oder Sackkarrentyp montiert werden. Statt eines Tellers hat sie jedoch zwei Greifer, welche die Beute fest anpacken und in die Zange nehmen.

Mittels eines an einem Akku-Schrauber befestigten Flaschenzugs können Beuten bis zu einer Höhe von 90 cm angehoben werden. Das ermöglicht es, die Beuten vom Boden aufzunehmen mit den Rädern zum Anhänger zu rollen, dort auf die Höhe der Ladefläche zu heben und abzukippen. Eine Akkuladung reicht für die Verladung von rund 50 Beuten.

Während Sie die Beuten durchs Gelände rollen, können Sie den für Sie optimalen Schwerpunkt durch Heben und Senken der Beute per Knopfdruck bestimmen. Für steiles Gelände können zusätzlich mittels eines weiteren Akku-Schraubers die Räder angetrieben werden. Die Karre wiegt 25 kg und eignet sich besonders für mittlere Imkereien.

Geländegängige Stapler (siehe Foto 3 auf Tafel 7) werden vor allem von Großimkereien eingesetzt. Dabei handelt es sich oft um Eigenentwicklungen auf der Basis von kleinen Baumaschinen oder Hofschleppern.

Die Kunst besteht dabei darin, möglichst handliche aber leistungsfähige Maschinen zu entwickeln, die wenig Platz beim Transport in Anspruch nehmen. Ein Beispiel ist der Raupenstapler der Imkereibetriebe Westerhoff (www.westerhoff-imkereibetriebe.de). Geländegängige Stapler können dort bestellt werden.

Tipp

Falls die Karre bei der Wanderung kaputt geht und Sie zu zweit wandern, ist Ihr Improvisationstalent gefragt. Sie können die Beuten an den Gurten tragen oder Sie bauen sich eine Bienentrage.

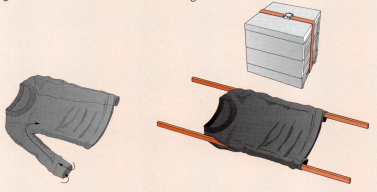

Nehmen Sie eine Imkerbluse und lösen die Haube mit dem Schleier von der Bluse. Sofern die Bluse einen Reißverschluss hat, schließen Sie ihn und alle Knöpfe. Ziehen Sie die Ärmel auf links nach innen durch, sodass die Bündchen unten am Blusensaum aus der Bluse etwas herausschauen.
Stecken Sie zwei Auflagestangen oder gerade starke Äste vom Bund durch die Ärmel durch. So erhalten Sie eine Wandertrage. Auf die Bluse stellen Sie die verschnürte Beute, kopflastige Beuten werden gelegt und Sie können an den Tragestangen die Beuten sicher, selbst durch unwegsames Gelände, tragen.

Heben Sie Ihre Beuten rückengerecht
Vor allem Kleinimker heben Beute für Beute auf die Ladefläche eines Anhängers. Dagegen ist nichts einzuwenden, wenn Sie beim Heben folgende Grundsätze für rückenschonendes Arbeiten beachten.
- Sorgen Sie für einen sicheren Stand, indem Sie richtiges Schuhwerk tragen. Sandalen und Turnschuhe sind ungeeignet. Am besten arbeiten Sie mit Arbeitsstiefeln, die Sie in Geschäften für Berufsbekleidung erhalten. Sie sollten möglichst über ein Fußbett verfügen, geschlossen sein und eine rutschfeste Sohle besitzen. Eine eingearbeitete Schutzkappe wissen Sie spätestens dann zu schätzen, wenn Sie sich einmal eine Beute auf die Zehen gestellt haben oder hart mit dem Fuß dagegen gestoßen sind.

- Vergrößern Sie Ihre Standfläche, indem Sie Ihre Beine leicht grätschen. Sie können die Beuten so besser balancieren. Stellen Sie das Gewicht auf den ganzen Fuß, gehen Sie leicht in die Knie und heben Sie die verschnürte Beute seitlich an den Gurten an. Alternativ können Sie die Beute auch vom Anhänger aus hoch auf die Ladefläche ziehen. Halten Sie in beiden Fällen den Rücken gerade.

Für unabgeerntete Bienenvölker, die Sie aus der Tracht abtransportieren, brauchen Sie unbedingt einen Helfer, da diese Beuten leicht 50 kg und mehr wiegen können. Finden Sie niemanden, dann bleibt Ihnen nur der Einsatz von Technik. Bewährt haben sich die folgenden Möglichkeiten.

Speziell für den stationären Einsatz gibt es **Ladekräne** in jeder Größe, die fest auf der Anhängerladefläche oder der Pritsche eines Pick-up-Trucks montiert werden. Ausgefahren können die kleinsten dieser Kräne bereits 180 kg tragen, was für den Einsatz in der Imkerei völlig ausreichend ist. Wahlweise können diese Ladekräne auch auf eine verstärkte Deichsel montiert werden, sodass sie keinen wertvollen Platz auf der Ladefläche wegnehmen.

Ein speziell für größere Imkereien entwickelter Ladekran ist der **Easyloader®**, mit dem palettierte Völker mittels eines Auslegers direkt

> **Gut zu wissen**
> Für den Abtransport unabgeernteter Bienenvölker benötigen Sie einen Helfer.

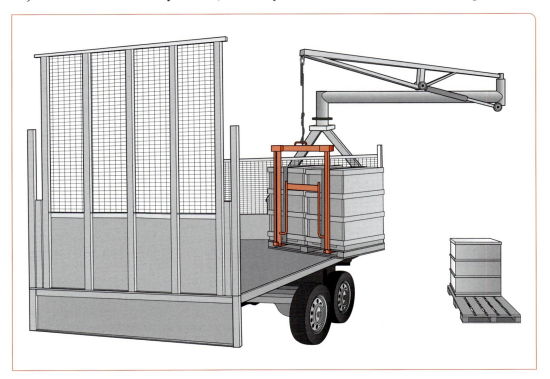

Easy Loader

an den Wanderplatz gehoben werden können. Der Transport mit einer Karre ist dann nicht nötig.

Beim **Portalkran** handelt es sich um zwei Böcke, die mit einer Schiene verbunden sind. Auf dieser ist ein Flaschenzug an einer Laufkatze befestigt. Ein Bock wird auf die Ladefläche, ein anderer auf die Erde gestellt. Die Beute wird am Haken des Flaschenzugs eingehängt und von Hand hochgezogen. Dann schiebt man die Last mit der Laufkatze auf die Ladefläche und senkt sie dort ab. Die Böcke lassen sich zusammen- und umklappen, sodass der Kran während der Bienenwanderung kaum Platz braucht.

Für größere Imkereien sind LKWs mit **Ladebordwand** interessant. Zusammen mit einem geländegängigen Gabelstapler, der den Transport vom Wanderplatz zum Fahrzeug bewerkstelligt, ermöglicht diese Lösung ein schnelles Arbeiten.

So viel kostet Transport- und Hebetechnik	
Ladekran	ab 150 €
Pick up car (Jackel)	250 €
Wanderkarre (Burmeister)	279 €
Apilift	2.600 €
Portalkran	ab 2.700 €
Raupenstapler (Modell Westerhoff)	15.000 €
Easyloader	17.000 €
Alle Preise sind incl. 19 % MwSt.	

So transportieren Sie Bienen von Ort zu Ort

Die meisten Imker nutzen für den Transport ihrer Bienenvölker von Wanderplatz zu Wanderplatz einen PKW mit Anhänger. Prüfen Sie bei der Wahl des Zugfahrzeugs, ob es geländegängig sein muss oder nicht. Sind Sie vor allem in Norddeutschland auf Sandböden unterwegs, kommen Sie in den meisten Fällen ohne Vierradantrieb aus. Anders sieht es aus, wenn Sie unbefestigte Wege in Mittelgebirgen oder lehmige und rutschige Böden befahren.

Planen Sie die perfekte Wanderung

> **Tipp**
>
> Falls Sie mit einem Fahrzeug ohne Allradantrieb unterwegs sind, kann Ihr Bienentransport mit einem vollbeladenem Hänger bereits bei Nässe an einer leichten Steigung ein Ende finden. Bevor sich Ihre Reifen durch wiederholte Anfahrversuche in den Morast eingraben, sollten Sie Schneeketten aufziehen. Wählen Sie ein Modell, das Sie einfach über die Reifen ziehen können. So befreien Sie sich rasch aus der misslichen Lage.

Der richtige Anhänger

Bei der Wahl des Anhängers empfehlen sich Tieflader und Anhänger mit Reling. Hier müssen Sie weniger heben. Durch die Reling haben Sie ausreichend Möglichkeiten, Ihre Beuten festzuzurren und sind nicht auf am Boden befestigte Zurrpunkte angewiesen, die meistens nie dort sind, wo Sie sie für Ihre relativ kleinteilige Ladung aus Beuten benötigen. Größere Imkereien verwenden LKWs und größere Kastenwagen als Zugfahrzeuge.

> **Tipp**
>
> Ein Anhänger mit Reling bietet gute Befestigungsmöglichkeiten.

Steuern sparen

Sie können für den Anhänger ein steuerbegünstigtes grünes Kennzeichen beantragen, wenn dieser von Ihnen ausschließlich landwirtschaftlich genutzt wird. Dazu beantragen Sie zunächst bei Ihrem Finanzamt eine Genehmigung zur Steuerbefreiung. Diese legen Sie anschließend Ihrer Kfz-Zulassungsstelle vor.

Allerdings handhaben die Finanzämter die Erteilung von Genehmigungen sehr unterschiedlich. In der Regel werden Sie nachweisen müssen, dass Sie Einkünfte aus Land- und Forstwirtschaft haben.

Außerdem muss der Anhänger für die Imkerei geeignet sein. Bei alten Bienenwagen oder neuen Spezialanhängern, die zum Beispiel nur

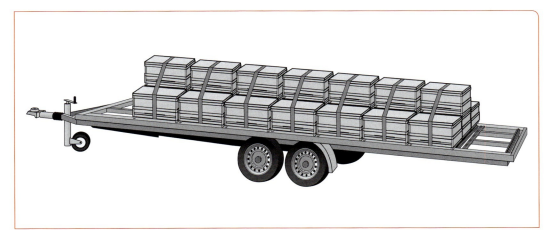

Anhänger mit Schienen

aus einem Rahmen und aus Winkeleisen zum Einschieben von Beuten für die Wanderung bestehen, erhalten Sie die Genehmigung leichter als für normale PKW-Anhänger.

> **Gut zu wissen**
>
> Es kann nur davor gewarnt werden, den landwirtschaftlichen Anhänger für andere Zwecke als die Imkerei zu benutzen. Wer erwischt wird, dass er beispielsweise Getränke, Tische und Bänke für sein Gartenfest transportiert, begeht eine Steuerstraftat und riskiert einen Punkt in Flensburg.

Gut vorbereitet für die Bienenwanderung

Eine Wanderung mit Bienen will gut vorbereitet sein. Das gilt besonders dann, wenn Sie in einer Saison mehrere Wanderungen planen und externe Dienstleister wie zum Beispiel einen Anhängerverleih oder einen Amtstierarzt brauchen. In diesem Kapitel lesen Sie, wie Sie einen Terminplan für Ihre Wanderung erstellen, welche Völker Sie mitnehmen sollten, wie Sie mit Ihrem Amtsveterinär zusammenarbeiten, sich mit anderen Imkern zusammenschließen und schließlich vor dem großen Tag noch einmal prüfen, ob Sie alles gut vorbereitet haben.

Erstellen Sie einen Terminplan

Nachdem Sie sich mit den allgemeinen Voraussetzungen Ihrer Wanderung beschäftigt haben, beginnen Sie nun mit der Feinplanung der ersten Wanderung im Jahr. Alle weiteren folgen im Grunde dem gleichen Schema. Erfahrungsgemäß ist aber die erste Wanderung die aufwändigste. Betrachten Sie diese als komplexes Projekt, bei dem vieles neu ist: Das fängt beim Besuch des Amtsveterinärs an und endet beim Aufpumpen der schlaff gewordenen Reifen Ihrer Wanderkarre. Alles das braucht Zeit und die ist in der Saison knapp. Daher sollten Sie rechtzeitig mit den Vorbereitungen beginnen. Spätere Wanderungen im Jahr sind einfacher, weil Sie dann Erfahrungen aus vorherigen Wanderungen mitbringen.

> **Tipp**
>
> Planen Sie Ihre Wanderung sorgfältig, denn in der Hoffnung auf einen guten Honigertrag und weil viele Aufgaben zunächst wichtiger erscheinen, werden Wanderungen immer wieder mit zu großer Ungeduld gestartet. Nehmen Sie sich ausreichend Zeit für die Planung.
> Wenn Ihre Wanderung auf Grund von Planungsfehlern nicht die erhoffte Honigmenge bringt, weil zum Beispiel trachtunreife Völker mitgenommen wurden, dann hat sie viel Zeit und Geld gekostet. Zeit, in der Sie besser Ableger gebildet und Geld, mit dem Sie besser Honig zugekauft hätten.

Arbeiten Sie früh mit Ihrem Amtsveterinär zusammen

Nehmen Sie im zeitigen Frühjahr, etwa vier Wochen nach dem Reinigungsflug, Kontakt zu Ihrem Amtsveterinär auf. Vereinbaren Sie einen Termin innerhalb der kommenden zwei Wochen zur Inaugenscheinnahme Ihrer Völker.

Je nach Gefährdungssituation wird der Veterinär eine klinische Untersuchung durchführen oder eine amtliche Probe entnehmen. Bei der klinischen Untersuchung prüft der Tierarzt, ob sichtbare Symptome für die bösartige oder amerikanische Faulbrut zu erkennen sind. Für die Probenentnahme wird hingegen Honig und oft auch etwas Brut entnommen und in einem Labor auf Sporen dieser Erkrankung untersucht.

Je nachdem erhalten Sie die Wandergenehmigung sofort oder müssen sich rund 10 bis 14 Tage gedulden, bis das Ergebnis der Laboruntersuchung vorliegt und die Genehmigung erteilt wird. Rechnen Sie mit Kosten von 11 bis 15 € für die Faulbrutuntersuchung. Zusätzlich wird Ihnen der Veterinär seine Dienste nach einer Gebührentabelle in Rechnung stellen.

Um nicht wegen einer noch ausstehenden Wandergenehmigung eine geplante Frühtracht zu verpassen, können Sie also den Termin mit Ihrem Veterinär nicht früh genug vereinbaren.

Tipp
Vereinbaren Sie rechtzeitig einen Termin beim Veterinär.

Wie Sie mit Ihrem Veterinär eine Futterkranzprobe entnehmen

In Gegenden, in denen immer wieder die Faulbrut aufflammt, wird Ihr Veterinär eine Laboruntersuchung von Honig aus den Futterkränzen verlangen. Dazu entnehmen Sie unter Aufsicht des Veterinärs Proben des Honigs und gelegentlich auch der Brut. Gehen Sie dabei wie folgt vor.

Schritt 1

In der Regel werden Sammelproben aus fünf bis sechs Völkern entnommen. Bereiten Sie pro Einzelprobe einen Esslöffel vor. Tauchen Sie die Löffel zum Sterilisieren in kochendes Wasser, lassen Sie sie an der Luft trocknen. Legen Sie die sterilisierten Löffel in einen frischen Tiefkühlbeutel. Packen Sie diesen zusammen mit einem leeren Honigglas ein, bevor Sie an Ihren Bienenstand fahren. Dort werden Sie auch noch Probenbeutel brauchen. Diese bringt Ihr Veterinär mit.

Schritt 2

Der Veterinär beschriftet als erstes die Beutel mit einem wasserfesten Stift. Er notiert Ihren Namen auf den Tüten und nummeriert sie durch. Außerdem vermerkt er die Nummern der beprobten Völker auf den Taschen. Stopfen Sie einen der Probenbeutel in das Glas, ähnlich wie Sie es sonst mit einem Müllbeutel im Mülleimer machen. Dann vertreiben Sie mit etwas Rauch die Bienen von den Brutwaben. Ziehen Sie eine Brutwabe und schaben Sie mit dem Löffel Honig, Wachs und Pollen direkt vom Rand des Brutnestes – dem Futterkranz – ab. Stören Sie sich nicht daran, wenn einige Eier, Puppen oder Bienen in der Probe landen.

Schritt 3
Lassen Sie den Honig vom Löffel in den Beutel tropfen, dann streifen Sie den Inhalt des Löffels am Rand ab. So verfahren Sie auch bei den nächsten Völkern Ihrer Sammelprobe. Sie sollte zum Schluss mindestens 100 g wiegen.

Schritt 4
Ziehen Sie den Beutel aus dem Glas. Der Veterinär wird den Beutel fest verschließen. Der Klebstoff ist so stark, dass der Beutel an dieser Stelle nicht geöffnet werden kann, ohne beschädigt zu werden.
   Achten Sie darauf, dass der Amtstierarzt die Begleitpapiere korrekt ausfüllt. Prüfen Sie, ob er die Anschrift Ihrer Imkerei und den Standort richtig notiert hat. Falls Sie Ihre Bienen nicht am Haus stehen haben, weisen Sie den Amtstierarzt unbedingt darauf hin, dass er das Wanderzeugnis an Ihre Wohnadresse schicken soll (und nicht zu Ihren Bienen). Oft gerät hier etwas durcheinander.

> **Gut zu wissen**
> Der Amtstierarzt weiß manchmal weniger über Bienen als..

Wie Sie mit Ihrem Amtsveterinär gut auskommen
Es gibt niemanden auf den Sie bei Ihrem Wandervorhaben so angewiesen sind wie auf Amtstierärzte. Besonders dem Tierarzt, der Ihnen eine Wandergenehmigung erteilt, kommt eine überragende Bedeutung zu. Doch auch der Amtstierarzt am Wanderort kann Ihnen Schwierigkeiten machen, wenn Sie ihn auf dem falschen Fuß erwischen. Daher sollten Sie versuchen, mit Ihrem Amtstierarzt ein möglichst reibungsloses Verhältnis zu pflegen.
   Das ist nicht immer einfach, denn in der Ausbildung zum Veterinär haben Bienen so gut wie keine Bedeutung. Sie werden also Ihrem Tierarzt meistens fachlich überlegen sein. Sein Problem: Er hat in der Regel kaum Ahnung von der Materie, die er kontrollieren soll. Er darf Ihnen aber Vorschriften machen. Erschweren Sie also dem Veterinär das Leben nicht noch zusätzlich. Bedenken Sie stets, dass Sie auf ihn angewiesen sind: Er nimmt Proben, überwacht die Hygiene, erteilt Wandergenehmigungen, gestattet den Einsatz von Medikamenten und kann im Seuchenfall drastische Maßnahmen anordnen.
   Am pflegeleichtesten sind Tierärzte, die ihren Beruf aus Liebe zu Tieren gefunden haben, sich regelmäßig fortbilden und bei Bedarf Rücksprache mit dem nächstgelegenen Institut für Bienenkunde halten. Gehen Sie auf einen solchen Tierarzt zu und würdigen Sie sein ehrliches Interesse.
   Anstrengender sind Amtstierärzte, die auf die 100 %ige Einhaltung aller Vorschriften achten und misstrauisch gegenüber Gesundheitsbescheinigungen von Kollegen sind. Sie können besonders bei der Einwanderung Schwierigkeiten machen, indem sie sich noch einmal selbst von der Gesundheit Ihrer Bienen überzeugen möchten. Bei diesen Vertretern ihres Berufes kommt es darauf an, dass Sie sehr korrekt arbei-

ten. Notieren Sie sich zum Beispiel genau, wann Sie welche Völker mit welchem Mittel und mit welcher Menge gegen die Varroa-Milben behandelt haben – am besten am Computer in einer Excel-Datei, die Sie für ihn ausdrucken. Setzen Sie zur Varroabekämpfung grundsätzlich nur zugelassene Medikamente und Methoden ein.

Richtig auf den Veterinärbesuch vorbereitet

Der Amtstierarzt hat besonders im Frühjahr, wenn alle Imker im Kreis Wandergenehmigungen benötigen, viel zu tun. Oft besucht er mehrere Imker hintereinander und kontrolliert deren Bienenvölker oder nimmt Proben. Daher sollten Sie ihm nach Möglichkeit seine Arbeit erleichtern und vor seinem Besuch alles gut vorbereiten.

Vorab empfiehlt es sich, in einem Telefonat zunächst den Zeitpunkt zu vereinbaren, wann Sie sich am Bienenstand treffen wollen. Planen Sie dabei gleichzeitig einen Zeitpuffer ein, denn wenn der Veterinär noch andere Außentermine hat, kann er sich leicht verspäten.

Teilen Sie ihm mit, was ihn genau am Bienenstand erwartet und was Sie von ihm wünschen, etwa ein Gesundheitszeugnis für die Wanderung. Er wird Ihnen im Gegenzug sagen können, was Sie zum Beispiel für die Futterkranzprobe zurechtlegen sollten. Fragen Sie ihn, ob er eine Schutzausrüstung vom Amt mitbringen kann oder ob Sie ihm eine zur Verfügung stellen sollen. Erkunden Sie sich abschließend, was Sie der Besuch des Amtstierarztes kosten wird. Überlegen Sie sich bis zum Besuch, welche Fragen der Amtstierarzt möglicherweise stellen könnte. Wahrscheinlich ist, dass er sich erkundigen wird, wann und womit Sie Ihre Bienen gegen die Varroa-Milbe behandelt haben.

> **Gut zu wissen**
>
> Bereiten Sie für den Besuch der Amtsperson alles vor. Legen Sie beispielsweise eine frisch gewaschene Imkerbluse mit Schleier und Handschuhen zurecht. Oft braucht der Veterinär auch ein kleines Tischchen für seine Schreibarbeit.

„Verwöhnen" Sie den Amtsveterinär aber nicht mit Präsenten, denn das könnte als Bestechungsversuch gewertet werden. Das heißt konkret: Überreichen Sie ihm keine Honiggeschenke! Besser stellen Sie ein Glas und eine Flasche Sprudelwasser für ihn bereit.

Auch für sich selbst können Sie Vorbereitungen treffen. Säubern Sie Ihre imkerlichen Arbeitsgeräte wie beispielsweise den Smoker und Ihren Stockmeißel. Und sorgen Sie für eine Möglichkeit, sich nach getaner Arbeit die Hände zu waschen, indem Sie eventuell den Wasseranschluss im Garten nach dem Winter wieder in Betrieb nehmen. Ein Kanister mit Wasser und ein Handtuch erfüllen auch ihren Zweck.

Am Tag des Besuches

Begrüßen Sie den Veterinär am Eingang zu Ihrem Bienenstand persönlich und herzlich mit Handschlag. Ansonsten ist am besten, Sie reden wie mit allen Amtspersonen über den Gegenstand der Untersuchung nur das Nötigste. Zu längeren Plaudereien hat der Veterinär wahrscheinlich keine Zeit.

Fragen Sie am Ende des Besuchs, wie es nun weitergeht. Oft möchte der Amtstierarzt seine Gebühren sofort kassieren. Deshalb ist es gut, wenn Sie den Betrag bereits vorbereitet haben und ihn möglichst passend bezahlen können. Danken Sie dem Veterinär abschließend für seinen Besuch und verabschieden Sie ihn freundlich. Er wird sich nun auf den Weg zu seiner Dienststelle oder zum nächsten Imker machen. Wenn Sie sich an diese Anleitung gehalten haben, wird normalerweise alles rasch und problemlos erledigt sein.

> **Tipp**
> Denken Sie an Bargeld, damit Sie den Amtstierarzt gleich vor Ort bezahlen können.

So zeigen Sie die geplante Wanderung richtig an

Rund eineinhalb Wochen, bevor Sie zu wandern beabsichtigen, nehmen Sie Kontakt zu Ihrem Ansprechpartner für die anzuwandernde Tracht auf. Bei landwirtschaftlichen Kulturen ist dies der Landwirt, der die Felder bewirtschaftet. Fragen Sie ihn, wann die Wanderung am günstigsten für ihn ist. Er kann zu dem Zeitpunkt schon absehen, ob er noch einmal eine Pflanzenschutzmaßnahme ergreifen muss. Erst danach sollten Sie anwandern.

Bei Trachten, die im Wald sind, sprechen Sie den zuständigen Revierförster an. Er kann Ihnen sagen, wann mit dem großen Blühen oder mit Honigtau zu rechnen ist. Oft nennt er Ihnen nun schon den Standort für Ihre Bienen. Möglicherweise vereinbaren aber auch der Landwirt oder der Förster kurzfristig einen Termin mit Ihnen, um mit Ihnen gemeinsam einen guten Standort für Ihre Bienen vor Ort festzulegen.

Immer wenn Sie Bienenvölker aufstellen, haben Sie die Pflicht, dies dem zuständigen Amtsveterinär in einer kurzen Nachricht anzuzeigen. Fünf bis sieben Tage vor der Wanderung empfiehlt es sich spätestens, dem Amtsveterinär am Zielort das inzwischen von Ihrem Tierarzt erstellte Gesundheitszeugnis zu schicken. So hat er noch ausreichend Zeit, auf Ihre Meldung zu antworten.

Verfassen Sie zum Gesundheitszeugnis ein kleines Begleitschreiben. Nutzen Sie dazu die folgende Formulierungshilfe:

Sehr geehrter Herr Dr. Immenmed,
hiermit zeige ich Ihnen eine Wanderung mit Bienen an. Ich werde etwa am 15. August in die Heide bei Erikadorf, Flurstück „Im Beerengrund", einwandern. Vorheriger Standort war Bienenwerder. Anbei erhalten Sie ein aktuelles Gesundheitszeugnis.
Mit freundlichen Grüßen
Florian Bienenfleiß

Auch dem Veterinär ist es heute am liebsten, wenn Sie ihm das Zeugnis nicht per Post, sondern per E-Mail zukommen lassen. Scannen Sie das Gesundheitszeugnis seines Kollegen ein, wandeln Sie es in ein PDF um und hängen Sie es an das Begleitschreiben.

Hören Sie in den folgenden Tagen nichts, können Sie davon ausgehen, dass der Wanderung von amtlicher Seite nichts im Wege steht. Sollte Ihr Wanderziel in einem Sperrbezirk liegen, würden Sie umgehend eine Rückmeldung erhalten. Keine Nachricht ist also eine gute Nachricht für Sie.

> **Tipp**
>
> Statt die Lage des Standorts umständlich zu beschreiben, können Sie auch dessen Koordinaten angeben. Am einfachsten ermitteln Sie diese über den Internet-Dienst Google-Earth. Die Angabe lautet dann zum Beispiel: „Die Koordinaten des Standorts lauten: 52°16'26.8" N, 13°26'51.82" E. Genauer geht es nicht!

Überlegen Sie, was und wie viel Zeit Sie brauchen

Beginnen Sie spätestens drei Tage vor der geplanten Wanderung mit der Planung, welche Ressourcen Sie für Ihr Vorhaben brauchen. Bedenken Sie, dass oft andere Vorgänge abgeschlossen sein müssen, um die Wanderung umzusetzen. Das ist zum Beispiel der Fall, wenn Sie noch vor der geplanten Wanderung Honig schleudern müssen, damit Sie für die Wanderung freie Honigräume haben, die von den Bienen neu gefüllt werden.

Überlegen Sie sich also, welche Vorgänge nur zeitlich nacheinander und welche parallel durchgeführt werden können. So können Sie zum Beispiel parallel Honigräume aufsetzen und die Beuten verzurren. Hintereinander müssen Sie allerdings die Fluglöcher verschließen und können dann erst die Beuten vom Standplatz abtransportieren.

> **Klären Sie für die weitere Planung diese Fragen**
>
> - Wie viele Bienenvölker stehen für die Wanderung vermutlich bereit?
> - Wie groß muss der zu mietende Anhänger sein, um diese Völkerzahl zu transportieren?
> - Wie viele freie Honigräume sind für die geplante Völkerzahl nötig?
> - Habe ich genug Material für den Bienentransport wie zum Beispiel Wander- und Verzurrgurte?
> - Wie weit ist die zu wandernde Strecke?
> - Wann muss ich spätestens losfahren?

Die einzelnen Arbeitsschritte bei einer Wanderung kosten pro Volk nicht viel Zeit, doch bei einem beispielsweise mit 30 Völkern zu beladenden Anhänger kommen sehr schnell viele Minuten und Viertelstunden zusammen. Dann ist es oft sinnvoll, einzelne Arbeitsschritte vorzuverlegen, zum Beispiel das Aufsetzen der Honigräume oder der Wanderdeckel am Vortag, um dann am Wandertag schneller zu sein.

Verteilen Sie die Aufgaben

Falls Sie Helfer bei Ihrer Wanderung haben oder sich einer Wandergemeinschaft anschließen, ist es sinnvoll, vor der Wanderung Aufgaben unter den Teilnehmern zu verteilen. Wer schließt die Fluglöcher? Wer verschnürt die Beuten? Wer transportiert sie zum Anhänger? Wer lädt sie auf und wer schiebt sie an den richtigen Platz?

Diese Arbeitspakete sind die Grundbausteine Ihrer Wanderung. Damit alles reibungslos klappt, sollten Sie vor der Wanderung diese Aufgaben durchdenken und entsprechend planen. Holen Sie bei Unsicherheit den Rat von erfahrenen Wanderimkern ein oder überschlagen Sie gemeinsam im Team, welche Arbeitspakete wie viel Zeit in Anspruch nehmen. Nach mehreren Wanderungen sind Sie und Ihre Helfer ein eingespieltes Team, bei dem jeder weiß, welche Aufgaben er übernimmt. Vieles kann dann auf Zuruf erledigt werden.

Planen Sie auch Pufferzeiten für unvorhergesehene Schwierigkeiten ein und denken Sie an Ersatzteile. Sonst kann Ihr ganzer Terminplan durcheinander kommen, wenn Ihnen beim Apilift die Schnur am Seilzug reißt oder Sie sich in den Fahrradreifen des Pick-up-cars den Dorn eines herumliegenden Astes einer Scheinakazie fahren.

> **Tipp**
> Bei der Wanderung gilt wie oft in der Imkerei – sie funktioniert nur dann reibungslos, wenn Sie die wichtigsten Hilfsmittel doppelt haben.

Sichern Sie die Leistung Ihrer Bienen

Vor der Wanderung stellt Ihnen Ihr Amtsveterinär ein Zeugnis darüber aus, dass Ihre Bienen nicht von amerikanischer/bösartiger Faulbrut befallen sind. Doch es gibt auch nichtansteckende Krankheiten und solche, die Sie mit wenigen Eingriffen beseitigen können. Trotzdem dürfen grundsätzlich nur gesunde Völker mit auf die Wanderung.

Krankheiten erkennen

Doch woran erkennen Sie, dass Bienen möglicherweise krank sind? Dazu müssen Sie sich ausführlich mit gesunden Bienen beschäftigt haben, denn kranke Bienen verhalten sich anders als gesunde. Das klingt nach einer Binsenweisheit, doch die Hilflosigkeit vieler Amtsveterinäre, wenn sie kranken Bienen gegenüberstehen, rührt genau daher: Sie wissen nicht, wie sich gesunde Bienen verhalten und können daher auch kranke nicht beurteilen. Werden Sie immer hellwach, wenn Sie eines oder mehrere der folgenden Symptome erkennen.

- Die Bienen bewegen sich anders als sonst. Sie krabbeln, kriechen oder hüpfen.
- Die Bienen fliegen nicht wie gewohnt. Sie taumeln, fallen vom Flugbrett oder sind gänzlich flanduntauglich.
- Die Bienen sitzen auf dem Flugbrett und zittern.
- Der Hinterleib der Bienen ist aufgetrieben.
- An der Außenseite der Beute finden sich Kotflecken.
- Im Bienenvolk finden sich ungewöhnlich viele schwarze, haarlose Bienen.
- Im Bienenvolk fallen Ihnen Bienen mit verkrüppelten Flügeln oder mit stark gekrümmtem Hinterleib auf.
- Das Brutbild ist lückenhaft.
- Die Rähmchen und die Waben sind verkotet.
- Die Königin hat ein kleines Brutnest angelegt, das aber nicht oder nur sehr verhalten wächst.
- Im Boden des Bienenvolkes finden sich harte, verkalkte Mumien.
- In den Zellen finden sich abgestorbene Larven oder Puppen.

Alle diese Anzeichen deuten auf Bienenkrankheiten hin. Es ginge an dieser Stelle zu weit, zu jedem Symptom eine mögliche Krankheit und weitere Diagnoseschritte zu nennen. Weitergehende Hinweise finden Sie in der Fachliteratur über Bienenkrankheiten.

> **Tipp**
> Die Bieneninstitute bieten regelmäßig Schulungen zur Erkennung und Behandlung von Bienenkrankheiten an. Ein verantwortungsvoller Bienenhalter interessiert sich für das Thema nicht erst, wenn eine Krankheit bereits ausgebrochen ist.

Die Faktorenkrankheiten

Neben Krankheitsbildern, die konkreten Erregern oder Keimen zugeordnet werden können, gibt es auch sogenannte Faktorenkrankheiten. Hier kränkeln die Bienen, ohne dass Sie bereits auf den ersten Blick genau wissen, warum. Als Faktorenkrankheiten werden Erkrankungen bei Nutztieren bezeichnet, die sich nicht genau einer Ursache zuordnen lassen. Es kommen vielmehr mehrere ungünstige Faktoren, das heißt Begleitumstände, zusammen, die bewirken, dass die Bienen nicht die gewohnte Vitalität entfalten.

Die häufigste Faktorenkrankheit ist die Durchfallerkrankung Nosemose. Sie tritt zumeist im Frühjahr nach Schlechtwetterperioden auf. Erkennbar ist die Erkrankung an Kotspuren, die auf Durchfall zurückzuführen sind. Dabei gibt es zwei Formen, die auf verschiedene Erreger zurückzuführen sind.

> **Gut zu wissen**
> Die Durchfallerkrankung Nosemose ist die häufigste Faktorenkrankheit.

Von *Nosema apis* befallene Bienen sind oft flugunfähig und krabbeln in Stocknähe umher, bis sie eingehen. Bei *Nosema ceranae* tritt kaum Verkotung der Beute oder des Wabenwerks auf. Befallene Bienen verlassen krabbelnd die Beute, oft mit etwas nach unten gekrümmtem Hinterleib, und sitzen, häufig in kleinen Gruppen flugunfähig apathisch auf dem Boden.

Je nach Befallsgrad sterben die von der *Nosema* befallenen Völker ab oder sie heilen sich selbst, indem die erkrankten Winterbienen bis Mitte Mai absterben, während die jungen Sommerbienen symptomfrei und gesund sind. Wissenschaftler beschreiben den Verlauf der Nosemaerkrankung als einen Wettlauf zwischen Erreger und Bienenvolk. Es gewinnt, wer sich schneller entwickelt.

Da Sie bei der Frühtracht oft noch nicht erkennen können, wer letztlich Sieger in diesem Rennen ist, sollten Sie die Bienen am Stand behalten und ihnen den zusätzlichen Stress einer Wanderung ersparen.

> **Tipp**
> Nehmen Sie nur gesunde Völker mit auf die Wanderung.

Unterscheiden Sie Entwicklungs- und Ertragstrachten

Nehmen Sie nur gesunde Völker mit auf eine Wanderung, denn eine Wanderung lohnt sich generell nur für Völker, die das gegebene Trachtangebot auch nutzen können. Das heißt normalerweise, dass die Völker ausreichend stark sein sollten. Es bedeutet aber nicht, dass alle Völker für jede Tracht stark sein müssen. Das hängt davon ab, ob Sie eine Entwicklungs- oder eine Ertragstracht anwandern möchten.

Entwicklungstrachten dienen nicht der Gewinnung von Honig, sondern sollen die Bienenvölker durch Pollen und Nektar so weit stärken, dass sie stark genug für spätere Trachten werden. Frühe und typische Entwicklungstrachten sind beispielsweise die Salweide und der Löwenzahn. Auch das Steinobst, die Rosskastanie und der Raps zählen bei Völkern, die speziell in den Spättrachten eingesetzt werden sollen, zu den Entwicklungstrachten.

In die Entwicklungstracht können Völker gestellt werden, die sich seit dem Reinigungsflug langsam, aber kontinuierlich entwickelt haben. Völker, die sich hingegen nur zögerlich entwickeln, werden auch in der Entwicklungstracht nicht zu Rennpferden.

> **Gut zu wissen**
> Bevor Sie zu einer reinen Entwicklungstracht aufbrechen, sollten Sie sich die kritische Frage stellen, ob sich der Aufwand wirklich lohnt.
> Wollen Sie tatsächlich Ihre kostbare Zeit für den Transport und die Pflege in der Tracht aufwenden, wenn sich Ihre Bienen möglicherweise am Heimatstand genauso gut und vor allem preiswerter entwickeln würden?

Füttern Sie in Trachtlücken ohne Honigverfälschung

Normalerweise sollten Sie dafür sorgen, dass Ihre Bienen immer reichlich Tracht haben und diese nutzen können. Doch aus klimatischen oder arbeitstechnischen Gründen kann es vorkommen, dass es längere Trachtlücken gibt. So ist es zum Beispiel nach der Schleuderung der Rapstracht möglich, dass es die Folgetracht, zum Beispiel die Robinie, vollkommen verregnet. Die Bienenvölker haben indes im Raps große Brutnester angelegt und die schlüpfende Brut braucht dringend Futternachschub. Für die kommenden zwei Wochen bis zur nächsten Tracht benötigt Ihr Bienenvolk rund 12 kg Futter in den Waben. Machen Sie sich klar, dass das fünf volle Zanderwaben sind!

Von Futtermangel zwischen Trachten sind besonders Imker betroffen, die mit dem sogenannten angepassten Brutraum arbeiten. Dabei handelt es sich um Systeme, die auf die Honiggewinnung optimiert sind.

Viele Berufsimker arbeiten so. Mit einem Schied sorgen sie in Dadant-Bruträumen dafür, dass die Brutwaben nur für Pollen und Brut genutzt werden und möglichst wenig Honig im Brutraum eingelagert wird. Indes wissen sie, dass sie in trachtlosen Zeiten zufüttern müssen.

Ähnliches gilt für Imker, die auch im Brutraum Flachzargen verwenden. Auch sie können bauartbedingt die Honigvorräte bis zum Brutnestrand abschöpfen und müssen daher besonders auf die Futterversorgung ihrer Bienen achten. Am wenigsten müssen sich Imker mit mittleren Formaten beispielsweise Zander oder Normalmaß Gedanken machen. In ihren Völkern sind immer mindestens 5 kg Futter/Honig als Vorrat vorhanden.

Futterwaben hinzuhängen

In der Situation einer Trachtlücke bei großem Brutnest müssen Sie dafür sorgen, dass der Futterstrom nicht abreißt. Hängen Sie in einem solchen Fall Honigwaben oder Futterwaben zu, die Sie im Frühjahr vor der ersten Tracht zur Bildung von Ablegern entnommen hatten. Hängen Sie die Futterwaben an den Rand des Brutnestes. So finden die Bienen die Vorräte schnell.

Haben Sie keine Futter- oder Honigwaben, dann können Sie die Bienen mit eigenem Honig füttern. Nutzen Sie dazu eine Futtertasche oder ein leeres Tetrapack. Verdünnen Sie den Honig mit Wasser. Festen Honig lösen Sie mit heißem Wasser auf. Geben Sie die Lösung zusammen mit etwas Stroh in das Futtergefäß.

Fertigfutter verwenden

Nur wenn Sie auch keinen eigenen Honig mehr haben, sollten Sie auf Fertigfutter zurückgreifen. Am besten nehmen Sie dazu Futterteig (zum Beispiel Apifonda®). Auch diesen können Sie in einer Futtertasche zugeben. Alternativ können Sie eine Scheibe des Futterteigs, die

Sie oben und unten in Kunststofffolie eingeschlagen haben, direkt auf die Rähmchenoberträger geben. Die Bienen lösen den Zuckerteig mit Wasser langsam auf. Mit 2,5 kg, das entspricht einer 25 cm² großen und 3 cm dicken Scheibe ist ein Bienenvolk rund fünf Tage gut versorgt.

Gut zu wissen
Bei Flüssigfutter ist die Gefährdung der Honigverfälschung am größten.

Flüssigfutter
Nur falls Sie auch keinen Zuckerteig zur Verfügung haben, sollten Sie auf Flüssigfutter zurückgreifen, denn hier ist die Gefahr der Honigverfälschung am größten. Wird das Futter zu reichlich dargeboten, behandeln die Bienen das Zuckerwasser oder den Sirup wie eine Tracht und beginnen die Notration in Honig umzuarbeiten und einzulagern. Daher dürfen Sie grundsätzlich nur ohne aufgesetzte Honigraumzarge füttern.

Wird doch Futter eingelagert, dann geschieht dies brutnestnah. In der nächsten Volltracht weiten die Bienen das Brutnest wieder aus und fressen das Futter auf oder tragen es um. So minimieren Sie die Gefahr der Verfälschung. Außerdem empfiehlt es sich, immer nur kleine Portionen von etwa 1 Liter zu füttern und erst dann nachzugießen, wenn diese Menge von den Bienen aufgenommen wurde.

Tipp
Stehen weitere Trachten an und ist nicht sicher, ob genug Futtervorräte vorhanden sind, sollten Sie vor der Ernte der Honigräume einen Blick in den Brutraum werfen, um sich über die Vorratslage klar zu werden. Sieht es knapp aus, dann lassen Sie die Honigräume vorerst auf den Völkern oder schleudern nicht alle aus, damit Sie im Notfall frische Honigwaben zuhängen können.

Tipp
Ein starkes Volk bringt mehr Honig als zwei schwächere.

Verstärken Sie Ihre Wandervölker
Gute Wandervölker sollten mindestens zehn Waben gut mit Brut besetzen. Ein starkes Volk bringt meisten mehr Honig als zwei mittelstarke. Oft lohnt es sich daher, die Wandervölker mit Brutwaben zu verstärken.

Prüfen Sie ein bis zwei Tage vor dem großen Tag, wie viele Brutwaben Ihre Bienen haben. Sollten Sie feststellen, dass Ihre Bienen noch nicht die erwünschte Stärke besitzen, können Sie diesen abgefegte Brutwaben zugeben. Hängen Sie die Waben an den Rand des vorhandenen Brutnestes. Vor der Schwarmzeit können Sie auch bedenkenlos die ansitzenden Bienen zuhängen. Es kommt dann noch zu keiner Stecherei.

Für die Haupttrachten des Sommers sollten die Bienen die vorgeschriebene Stärke aus eigener Kraft erreicht haben. Ist dies nicht der Fall, können Sie wieder Brutwaben zuhängen. Doch sprühen Sie mit einem Zerstäuber Thymianwasser in das Volk. Der Geruch bewirkt, dass die zugehängten Bienen rasch naturalisiert werden.

Vermeiden Sie diesen Eingriff unbedingt am Tag der Wanderung. Das Öffnen und Zuhängen von Brut bringt Unruhe und damit Hitze in das Volk, die durch die Wanderung noch verstärkt werden könnte, sodass die Bienen durch Verbrausen verenden könnten.

Pollen für alle Fälle
Denken Sie beim Verstärken der Bienenvölker nicht nur an Brut, sondern auch an Pollen und Futter. Vor der Wanderung in pollenarme Trachten wie zum Beispiel Waldhonig, sollten Sie Pollenwaben zuhängen, damit Ihre Bienen und deren Brut gut mit Eiweiß versorgt sind.

Pollenwaben gewinnen Sie, indem Sie diese nach pollenreichen Trachten wie Raps, Obst, Löwenzahn oder Edelkastanie entnehmen und den Bienen vor dem Aufbruch in den Wald wieder zuhängen. Die Pollenwaben können Sie gut konservieren. Sammeln Sie die Waben dazu in einer oder mehreren Zargen. Setzen Sie der obersten eine Leerzarge auf, in die Sie ein Schälchen mit Essigsäure (Imkereifachhandel) stellen. Die Essigsäure verdampft, sinkt ab, da sie schwerer ist als Luft, und füllt die Wabengassen. Das wehrt die zerstörerische Wachsmotte ab. Lüften Sie Pollenwaben einen Tag lang, bevor Sie sie den Bienen zugeben.

Futterteig für magere Zeiten
Leider bringt nicht jede Ertragstracht die erhofften Erträge. Dazu gehören die Wald-, Sonnenblumen- und Heidetracht. Es ist unverantwortlich, die Bienen ohne nennenswerte Vorräte in diese Trachten zu stellen und das Risiko in Kauf zu nehmen, dass die Bienen am Wanderplatz hungern. Alternativ können Sie den Bienen auch ein schmales Päckchen Futterteig mit an den Wanderplatz geben und in den Boden oder in eine extra Tasche legen. Finden die Bienen Tracht, werden sie den Vorrat nicht anrühren. Hungern sie hingegen, sind sie für die Gabe dankbar. Eine Honigverfälschung brauchen Sie also nicht zu fürchten.

Die Wandergemeinschaft: Wandern mit anderen

Viele Imker wandern in der Gemeinschaft. Das Prinzip ist einfach: Alle helfen mit und teilen sich die Kosten. Rechtlich betrachtet schließen sich die einzelnen an der Wanderung beteiligten Imker zu einer Betriebsgemeinschaft zusammen. Solche Gemeinschaften gibt es oft in der Landwirtschaft, beispielsweise bei der Aufzucht von Ferkeln, der Ernte der Felder oder beim gemeinsamen Einkauf von Futtermitteln. Jede Kooperation in der Imkerei oder anderswo braucht jemanden, der die Initiative ergreift. Wollen Sie das sein?

Dann sprechen Sie gezielt Imkereien in der Nachbarschaft oder in Ihrem Imkerverein an. Findet sich dort niemand, dann weiten Sie die

> **Tipp**
> Thymianwasser bereiten Sie aus 20 Tropfen Thymiangeist und 250 ml Wasser zu. Die Mischung füllen Sie in eine Zerstäuberflasche. Thymiangeist erhalten Sie im Imkereifachhandel oder in der Apotheke.

Suche auf Nachbarvereine aus. Am besten treffen Sie die Vorbereitungen für die Wandergemeinschaft in den vergleichsweise beschäftigungsarmen Wintermonaten. Wenn Sie Ihre Wanderpartner nicht schon vorher kennen, vergehen rund sechs Monate, bis eine Kooperation die gemeinsame Arbeit aufnimmt. Nutzen Sie die Zeit!

Grundlage für eine gute Gemeinschaft

Vermeiden Sie Euphorie, sondern fragen Sie routinierte Wanderimker nach ihren Erfahrungen. Zeigen Sie sich von Anfang an kompromissbereit und vermeiden Sie Pfennigfuchserei. Das bedeutet, es wird nicht so genau auf jede geleistete Arbeitsstunde und jedes mitgenommene Volk geschaut.

Eine Wandergemeinschaft soll Ihnen mehr Möglichkeiten bieten, als Sie als Einzelimker hätten. Trotzdem müssen Sie bereit sein, Kompromisse zu schließen. Sie bilden ein Team, in das sich jeder nach seinen Möglichkeiten und Stärken einbringt. Zudem sind Sie oft im Gelände und bei Nacht unterwegs. Sie sitzen einander möglicherweise stundenlang auf der „Pelle". Daher sollten Sie und Ihre Wanderkollegen auch menschlich zueinander passen. Stellen Sie sich die folgenden Fragen, bevor Sie eine Wandergemeinschaft eingehen.

- Führen Ihre möglichen Partner ihre jeweilige Imkerei solide und nach guter fachlicher Praxis?
- Können Sie Ihre Bienen gefahrlos in die Nähe ihrer Bienen stellen?
- Vertritt jedes Mitglied der geplanten Gemeinschaft die gleiche Vorstellung hinsichtlich Bienengesundheit?
- Würden Sie Ihre Bienen den Wanderpartnern anvertrauen?
- Haben Sie und Ihre Partner ein gemeinsames Ziel?
- Können sie alles miteinander besprechen?
- Haben sie ein ähnliches Verhältnis zur Körperhygiene?

Wenn Sie diese Fragen bejahen können, ist zu erwarten, dass alle vor, während und nach der Wanderung wichtigen Fragen in gegenseitigem Einvernehmen getroffen werden können. Eine schriftliche Formulierung von Verfahrensregeln ist dann nicht nötig.

Notwendigkeit von Regelungen

Seien Sie sich trotzdem bewusst, dass Sie im rechtlichen Sinne eine Art „Gesellschaft bürgerlichen Rechts" gründen. Denn wenn sich mindestens zwei Personen zu einem gemeinsamen wirtschaftlichen Vorhaben zusammenschließen, entsteht automatisch eine Gesellschaft bürgerlichen Rechts. Dazu brauchen Sie keinen Vertrag aufzusetzen, doch Sie sollten regeln, wie die Kosten zum Beispiel für die Miete eines LKWs auf die Gesellschafter umgelegt werden.

Auch die Betreuung der Völker am Standplatz kann innerhalb der Wandergemeinschaft geregelt werden, denn es macht keinen Sinn,

> **Tipp**
> Hüten Sie sich vor Regelungswut. Verzichten Sie darauf, die geleistete Zeit jeweils schriftlich festzuhalten und ersetzen Sie Bürokratie durch Vertrauen. Achten Sie trotzdem auf eine ausgeglichene Arbeitsbelastung.

Die Wandergemeinschaft: Wandern mit anderen

wenn jeder für sich nach seinen Bienen schaut. An diesem sensiblen Punkt sollten Sie sich sicher sein, dass der Wanderfreund, der nach Ihren Bienen sieht, so gut ausgebildet und erfahren ist, dass er beispielsweise Anzeichen für aufkommende Schwarmlust erkennt. Und auch dort, wo dieses Vertrauen fehlt, kann beispielsweise geregelt werden, wer zum Wanderstand fährt und Wasser in die Tränke nachgießt.

Checkliste

Kann ich mit meinen Bienen zur Wanderung starten?
Nichts ist unangenehmer, als mit einem Anhänger voller Bienen fernab jeder menschlichen Siedlung zu stehen und dann festzustellen, dass etwas Wichtiges fehlt. Gehen Sie daher vor der An- und der Abwanderung diese Checkliste durch, so sind Sie vor bösen Überraschungen geschützt.

- Ich habe mir einen der Völkerzahl angemessenen PKW-Anhänger zum **Transport** der Beuten besorgt, zum Beispiel bei einem Verleih gemietet.
- Folgende **Dokumente** habe ich zur Beschriftung des Bienenstandes laminiert oder in eine Prospekthülle eingelegt: Ein aktuelles Gesundheitszeugnis, ein Warnschild zum Beispiel mit der Aufschrift „Vorsicht Bienen", ein Zettel mit meiner Anschrift, Telefon- und Handynummer und – sofern vorhanden – eine Genehmigung des Wanderobmanns der Region.
- Ich habe eine **Bienentränke**, beispielsweise einen Hobbock mit Styroporstücken als Kletterhilfe sowie Kanister mit Wasser eingepackt, um die Tränke am Standplatz zu befüllen.
- Ich habe eine genügende Anzahl an **Spanngurten**, um die Völker zu verschnüren und für den Transport zu sichern.
- Ich habe genügend **Paletten** oder spezielle Wanderböcke, um meine Beuten nicht direkt auf den Erdboden stellen zu müssen.
- Ich habe **Fluglochkeile**, um die Bienen für den Transport am Wegfliegen zu hindern.
- Ich habe eine spezielle **Bienentransportkarre**, um die Beuten im Gelände vom Anhänger zum Standplatz transportieren zu können.
- Ich habe **Schutzkleidung** sowie Smoker, Stockmeißel, eine Sprühflasche mit Wasser und einen Bienenbesen eingepackt.
- Ich trage **Sicherheitsschuhe** mit Stahlkappen, falls mir eine Beute auf den Fuß fallen sollte.
- Ich habe für mich eine volle **Wasserflasche** im Gepäck.

Auswertung: Können Sie allen Aussagen zustimmen? Dann sind Sie wanderfertig. Fahren Sie vorsichtig und bedenken Sie, dass Sie ein Gespann fahren, das ausscheren kann. Schauen Sie regelmäßig in den Rückspiegel nach Ihrer Ladung.

Ihr Terminplan für die erste Wanderung im Jahr

Aus dem Trachtkalender wissen Sie, dass Ihre Wunschtracht etwa um den Tag X herum aufzublühen beginnt. Dann rechnen Sie zurück, wann Sie mit den Vorbereitungen beginnen sollten. Die erste Tracht im Jahr erfordert dabei die meisten Anstrengungen. Vieles, was Sie für die diese Wanderung erledigt haben, erübrigt sich für alle weiteren. Orientieren Sie sich dabei an diesem Terminplan.

Was muss wann erledigt werden?	
Zu erledigen bis	Beschreibung der Aufgabe
X–56 Tage	Kollegen der Wandergemeinschaft kontaktieren und Wanderungen und deren Vorbereitung planen. Termin mit Veterinär vereinbaren.
X–28 Tage	Tierarzt untersucht die Bienen auf Faulbrut. Futtervorräte abschätzen und ggf. über Trachtlückenfütterung entscheiden.
X–14 Tage	Grobe Kontrolle des vorhandenen Wandermaterials (zum Beispiel Gurte). Nachkauf fehlender Wanderausrüstung.
X–10 Tage	Mit Grundstückseigentümer Standplatz vereinbaren.
X–5 Tage	Veterinär am Wanderplatz informieren.
X–3 Tage	Mit Wandergemeinschaft Ablauf der Wanderung besprechen. Anhänger beim Verleih vormerken lassen. Bienenvölker auf Entwicklungsstand kontrollieren und danach entscheiden, welche Völker auf Reisen gehen.
X–1 Tag	Wandervölker verstärken. Ausrüstung überprüfen (Wandergute, Fluglochkeile) etc., Wanderkarre aufpumpen. Leere Honigräume aufsetzen.
X	Wandern!

Die gelungene Wanderung

Der große Tag ist da. Heute gehen Sie mit den Bienen auf Wanderschaft. In diesem Kapitel lesen Sie, wie Sie Ihre Bienen kurz vor der Fahrt vorbereiten, Ihre Völker verladen, Bienen sicher transportieren und Ihren Wanderplatz einrichten. Sie erfahren, welche verschiedenen Möglichkeiten es gibt, Bienen aufzustellen und wie Sie Ihre Insekten dazu bringen, genau die Tracht anzufliegen, die Sie sich wünschen.

So rüsten Sie Ihre Beuten für die Wanderung um

Geschlossene Böden, bei denen statt des Gitters eine Platte den Boden nach unten abschließt, wurden früher verwendet, als man der Auffassung war, die Bienen müssten vor Zugluft im Winter geschützt werden. Doch gerade während der Wanderung brauchen die Bienen viel Luft und dazu einen Raum, wo sie sich während der Wanderung zu einer Traube aufketten können. Das ist der sogenannte „Trommelraum". In einem hohen Wanderboden ist das der luftige Freiraum in Fluglochnähe. Ein flacher Boden bietet diesen Raum nicht.

Bei modernen Magazinbeuten besteht der Trommelraum im Wesentlichen aus einem offenen Rahmen mit Flugloch und Drahtboden. Daneben gibt es sogenannte „Vario-Böden", bei denen für die Wanderung die Bodenplatte durch ein Gitter ersetzt wird. Diese müssen Sie unbedingt vor der Wanderung daraufhin kontrollieren, welchen Boden Sie gerade eingelegt haben.

Nachsehen sollten Sie auch bei den Wanderböden, denn die meisten haben zur Kontrolle des Varroabefalls Führungsschienen, in die eine sogenannte „Windel" eingeschoben werden kann. Bei der Wanderung würde sie wie ein geschlossener Boden wirken und die Zufuhr von frischer Luft verhindern. Daher müssen Sie unbedingt sichergehen, dass Sie vor der ersten Wanderung alle Windeln entnommen haben, allerspätestens vor dem Vergurten der Völker.

> **Tipp**
> Falls Sie Ihre Bienen nicht ohnehin auf Wanderböden stehen haben, sollten Sie generell spätestens unmittelbar vor der Wanderung die flachen oder auch geschlossenen Böden durch einen Wanderboden ersetzen.

Ausreichend Luft

In der Regel reicht es, wenn die Bienen durch den Boden mit frischer und kühler Luft während der Wanderung versorgt werden. Bei sehr heißem Wetter und insbesondere, wenn Sie mit gut isolierenden Styroporbeuten wandern, empfiehlt es sich, einen Wanderdeckel zu benutzen. Dieser schließt die Beute nach oben ab. Er besteht aus einem Rahmen und einer Platte mit einer oder mehreren Lüftungsöffnungen. Entfernen Sie vor dem Auflegen des Wanderdeckels die Folie.

Alternativ können Sie auch eine Bienenflucht oder einen Zwischenboden verwenden. In diesem Fall sollten Sie die Folie durch ein Fliegengitter ersetzen. Verzurren Sie die Bienenflucht oder den Zwischenboden fest mit der Beute. Auf diese Weise erhalten die Bienen von oben und von unten Luft, sodass ein Verbrausen der Bienen ausgeschlossen ist.

> **Tipp**
>
> Ersetzen Sie flache Böden auch dann im Frühjahr, wenn Sie erst später mit den Bienen wandern wollen. Im Frühjahr sind die Bienen noch leichter und das Heben ist nicht so schwer wie bei einem späteren Tausch.

Gut zu wissen
am besten wandert es sich nachts oder am frühen Morgen.

Erfrischen Sie Ihre Bienen mit Wasser

Jede Wanderung ist mit Stress für die Bienen verbunden. Sie sind in der Regel eingesperrt, die Beute schaukelt, sie werden ruckartig bewegt. Sind die Beuten verrutscht, kann sich ein Spalt öffnen, aus dem die Bienen quellen. Es ist Ihre Pflicht als verantwortungsvoller Bienenhalter, den Stress so gering wie möglich zu halten.

Generell sollten Sie sich in der kühlen Nacht oder am frühen Morgen mit den Völkern auf die Reise machen. Doch bei Fernwanderungen ist das oft nicht möglich. Zudem ist es besser, den Bienen weht der Fahrtwind durch die Wabengassen als sie in brütender Hitze irgendwo abzustellen.

Vor Wanderungen über 100 km sollten Sie für die künstliche Abkühlung Ihrer Bienen sorgen. Kippen Sie nach dem Schließen der Fluglöcher rund einen Liter Wasser in die Wabengassen. Dazu öffnen Sie die Deckel der Beuten vorsichtig. Verabreichen Sie die kalte Dusche mit einem Eimer oder mit der Brause eines Gartenschlauches.

Die Bienen saugen das Wasser auf. Weil sie es nicht hinaustragen oder einlagern können, behalten sie es im Leib und können keinen Honig aufnehmen. Das vermindert die Gefahr des Verbrausens. Dabei würden sich die Bienen mit Honig vollsaugen.

Während der Wanderung verdauen die Bienen das Wasser oder verstäuben es so in der Beute, dass die Temperatur erträglich ist. Ein Teil wird auch an die Brut verfüttert. Auf diese Weise ist das Wasser am Ende der Reise aufgezehrt. Bei kurzen Wanderungen von weniger als zwei Stunden hingegen ist das Wässern der Bienen überflüssig.

> **Tipp**
>
> Falls Sie die Fluglöcher mit Schaumstoffstreifen verschließen, können Sie Ihren Bienen eine zusätzliche Erleichterung verschaffen. Befeuchten Sie die Schaumstoffabschnitte wie einen Schwamm mit Wasser und verschließen Sie damit dann die Fluglöcher. Die durstigen Bienen werden das Wasser gierig aufsaugen.

Durch Vergurten das Verrutschen verhindern

Bereits am Vorabend können Sie Ihre Bienen wanderfertig machen. Dazu vergurten Sie die Beuten. Im Handel gibt es spezielle vier Meter lange Wandergurte. Sie können auch Gurte aus dem Baumarkt nehmen, sie sind allerdings meistens fünf Meter lang und damit umständlicher zu handhaben als Wandergurte. Folgende Gurttypen lassen sich unterscheiden:

Bügel-Wandergurte. Diese sind sehr leicht und kraftsparend zu handhaben und werden daher oft von Erwerbsimkern genutzt. Legen Sie den Gurt um die Beute. Dann legen Sie das lose Ende des Gurts in das Schloss ein. Durch ein einfaches Umklappen des Bügels ist der Gurt straff und sicher gespannt.

Rätschen-Wandergurte. Bei diesen wird das lose Ende in einen Schlitz in die Achse der Rätsche eingefädelt und der Gurt von Hand etwas vorgespannt. Dann wird mit dem Hebel der Rätsche der Gurt straffgezogen. Das geschieht sehr kraftsparend und schnell. Zum Einfä-

> **Tipp**
> Bereiten Sie Ihre Bienen schon am Vorabend auf die Wanderung vor.

Klemmgurte bitte so nicht anlegen! Die Beute darf nicht auf dem Gurt stehen.

deln müssen Sie in der Regel Ihre Handschuhe auszuziehen, was bei sehr stechlustigen Bienen etwas unangenehm werden kann.

Klemmschnallen-Wandergurte. Bei diesem Typ wird das lose Ende des Gurts durch eine Klemme am anderen Ende gefädelt. Dann wird der Gurt festgezogen und mit der Klemme arretiert. Ist der Gurt nass oder etwas abgenutzt und daher glatt, löst sich die Klemme bald wieder. Durch zwei halbe Schläge mit dem losen Ende bekommt die Verschnürung in solchen Fällen zwar einen besonderen Halt, doch das Entknoten des Gurts später am Wanderstand kostet viel Zeit.

Umreifungsbänder. Sie werden eigentlich dafür genutzt, Pakete für den Versand zu verschließen. Sie leisten aber auch auf einer Wanderung gute Dienste, sind konkurrenzlos preiswert, wetterbeständig und können während der gesamten Wanderdauer um die Beuten bleiben. (Siehe Foto 2 auf Tafel 8)

Legen Sie die Gurte immer so um die Beuten, dass sie nicht auf den Gurten stehen. Dadurch würden die Gurte aufgescheuert und nach einigen Einsätzen möglicherweise reißen.

Gut zu wissen

Nicht jeder im Imkereifachhandel angebotene Wandergurt ist UV-beständig. Bereits nach einem Tag in der Sonne kann es passieren, dass der Gurt reißt und sich regelrecht in Staub auflöst. Daher empfiehlt es sich, die Gurte am Wanderstand stets wieder abzunehmen.

Verladen Sie Ihre Beuten verkehrssicher

Nachdem die Bienenvölker vergurtet sind, können Sie sie verladen. Nutzen Sie dazu die auf den Seiten 30-35 beschriebene Transport- und Hebetechnik. Arbeiten Sie rückenschonend.

In den meisten Fällen verwenden Imker für den Transport ihrer Wandervölker Kfz-Anhänger. Diese können bei einem Anhängerverleih in jeder beliebigen Größe gemietet werden. Achten Sie darauf, dass Sie Ihr Zugfahrzeug nicht überlasten. Dazu müssen Sie das höchstzulässige Gesamtgewicht des Anhängers einhalten. Angaben über die Höhe finden Sie auf dem Typenschild des Anhängers.

Außerdem ist auf die Stützlast des Anhängers zu achten. Diese Angaben finden Sie in den Fahrzeugpapieren.

Falls Sie im Auto ebenfalls Beuten transportieren, ist das zulässige Höchstgewicht bei der Fahrt zum Wanderplatz in der Regel kein Problem. Anders sieht es aus, wenn Sie mit den honigschweren Beuten zurückkehren. Im Zweifel sollten Sie dann lieber einen größeren Anhänger mieten.

Damit Ihre Bienen während der Fahrt genug frische Luft erhalten, sollten Sie einem offenen Anhänger immer den Vorzug geben. Ideal

Gut zu wissen

Wer seinen Anhänger um 30 % überlastet, riskiert drei Punkte in Flensburg und ein Bußgeld von 235 Euro!

sind solche mit einer umlaufenden Reling. Dort können Sie die Bienen nach dem Aufladen reihenweise verzurren. Bei einem Hochlader sollten Sie darauf achten, dass sich auch die Seitenwände umklappen lassen. Dies erleichtert das Be- und Entladen der Völker ungemein, weil Sie die Beuten gleich an die richtige Stelle heben können und nicht noch über die Ladefläche schieben müssen.

Richtiges Beladen des Hängers

Um Ihre Bienen nachher gefährdungsfrei auf der Straße zu transportieren, kommt es darauf an, dass Sie den Anhänger verkehrssicher beladen. Stellen Sie die schwersten Beuten direkt über die Achse. Alle anderen verteilen sie so, dass der Anhänger gleichmäßig beladen ist. Der Schwerpunkt des Anhängers sollte direkt vor den Rädern des Anhängers liegen (ca. 10 bis 20 cm davor). So folgt er dem Fahrzeug auch bei Richtungsänderungen gerade und ohne Schlingern.

Ist der Anhänger falsch beladen, zum Beispiel indem die hohe Last im vorderen Bereich liegt, drückt er zu stark auf die Anhängerkupplung. Dann wird nicht nur die zulässige Stützlast überschritten, sondern das Gespann neigt auch zum Übersteuern. Ist die Last zu weit hinten auf dem Hänger, dann kann der Anhänger unruhig fahren und ins Pendeln kommen, weil die Anhängerkupplung mit zu wenig Stützlast aufliegt.

Sichern Sie nach dem Beladen die gesamte Fracht. Dazu verzurren Sie jede Beutenreihe mit einem eigenen Gurt an der Reling oder an Zurrpunkten. Anschließend schlingen Sie um die ganze Ladung noch einen Gurt. Da es so lange Gurte nicht zu kaufen gibt, binden Sie einfach mehrere Gurte hintereinander.

Alternativ können Sie die Beuten mit weniger Gurten, dafür aber mit einem stabilen Netz verzurren. Das ist besonders dann sinnvoll, wenn Sie über Ihren Beuten auch noch Paletten und eine Wanderkarre festschnallen möchten. Grundsätzlich können Sie Ihre Ladung gar nicht gut genug befestigen.

Wenn Sie später auf der Straße unterwegs sind, fahren Sie bitte umsichtig! Sollte Ihr Gespann ins Schlingern kommen, bremsen Sie be-

> **Tipp**
> Falls Sie bei Ihrem Verleih nur geschlossene Anhänger bekommen, lösen Sie an der Vorder- und Hinterseite des Anhängers die Plane etwas und knicken sie so um, dass Wind durch den Raum über der Fracht weht.

> **Gut zu wissen**
> Imkergespanne werden erfahrungsgemäß besonders oft aus dem Verkehr gezogen und kontrolliert. Die Ordnungshüter gehen nämlich davon aus, dass Imker eher Gelegenheitsspediteure sind und es mit der Transportsicherung nicht so ernst nehmen. Dem Autor dieses Buches ist es schon passiert, dass lose im Auto herumliegende Fluglochkeile aus Schaumstoff bemängelt wurden. Angeblich könnten sie sich bei harten Bremsmanövern in „tödliche Geschosse" verwandeln.

herzt und suchen einen Parkplatz auf. Verschieben Sie Ihre Beuten so, dass mehr Last auf der Anhängerkupplung liegt. Damit müsste das Problem behoben sein.

Was beim Stapeln von Bienenvölkern zu beachten ist

Bei Großimkern, die mit geländegängigen Staplern und großen LKWs wandern, ist es übliche Praxis, mehrere Bienenvölker übereinander zu stapeln. Dazu sind die Beuten auf Transportpaletten festgeschraubt, sodass sie nicht verrutschen können und eine große Standfläche besitzen.

Doch auch für kleine und mittlere Imkereien kann es sinnvoll sein, die Lademöglichkeiten des Zugfahrzeugs und des Anhängers voll auszuschöpfen und mehrere Bienenvölker übereinander zu stellen. Achten Sie unbedingt darauf, dass die oben stehenden Bienenvölker nicht auf den glatten Deckeln der unteren Beuten umherrutschen. Verzurren Sie alles sehr fest.

Übereinander stehende Beuten können bei Bodenunebenheiten wie ein Pendel ins Schwingen geraten. Das macht nicht nur das Lenken des Gespanns schwierig, es bekommt auch den Bienen nicht gut. Im Extremfall können sie dadurch so unruhig werden, dass sie verbrausen.

Eine Abhilfe bieten Anhänger mit hohen vergitterten Seitenwänden, wie sie zum Transport von Grünschnitt verwendet werden. Die Gitter können Sie nutzen, um die Beuten daran zu befestigen. Wenn es Ihnen so gelingt, die ganze Ladung stabil zu verzurren und die Beuten zu heben, spricht nichts gegen eine doppelt hohe Beladung des Anhängers.

Sicher mit den Bienen unterwegs

Am besten wandern Sie mit Ihren Tieren bei Nacht oder am frühen Morgen. Das kühlere Nachtklima ist für Ihre Bienen angenehmer. Außerdem nutzen Sie eine Zeit, in der die Bienen ohnehin nicht sammeln können. Wenn Sie nur bei Nacht wandern, können Sie dies sogar mit

> **Tipp**
> Verzurren Sie übereinanderstehende Beuten, damit sie nicht verrutschen.

> **Info**
> Großimker in den USA, die oft Tausende von Kilometern mit ihren Bienen zum nächsten Bestäubungseinsatz unterwegs sind, wandern mit offenen Fluglöchern. Dass die Bienen dabei auch am Tag transportiert werden, ist angesichts der großen Strecken unvermeidlich. Gegen Bienenverluste schützen sich die Imker, indem Sie die komplette Ladung mit Fliegengitter abdecken. Die Bienen sammeln sich darunter und fliegen nach dem Abladen der Beuten irgendwelchen Völkern zu. Dadurch können Krankheiten übertragen werden, was als eine der möglichen Ursachen des Bienensterbens in den USA angesehen wird.

offenen Fluglöchern tun. Damit beugen Sie auch dem Verbrausen vor, weil die Bienen sich bei Überhitzungsgefahr vor den Fluglöchern sammeln.

Sobald Sie aber in den Tag hineinwandern, müssen Sie die Fluglöcher schließen, sonst bleiben Ihnen buchstäblich viele Bienen auf der Strecke. Das ist nicht nur ökonomisch ein Verlust, sondern auch unethisch den Tieren gegenüber.

Wandern bei Nacht

Bei Nachtwanderungen sollten Sie am besten mindestens zu zweit sein, sodass Sie sich beim Fahren abwechseln können. Unterschätzen Sie nicht, wie schnell Sie ermüden, wenn Sie nach dem kräftezehrenden Aufladen fast regungslos und in einem beschaulichen Tempo durch die Nacht kreuzen. Dabei kann es leicht zu dem für Sie und Ihre Bienen gefährlichen Sekundenschlaf kommen.

Wenn Sie merken, dass Sie müde werden, sofort Pause machen! Der Sekundenschlaf kommt plötzlich und unerwartet. Müdigkeit ist eine der häufigsten Ursachen für schwere Verkehrsunfälle. Unterbrechen Sie die Fahrt und gehen Sie kein Risiko ein! Wenn Sie gerade auf der Autobahn sind, nehmen Sie die nächste Abfahrt und suchen sich auf der Landstraße rasch eine Parkmöglichkeit.

- Versuchen Sie, kurz zu schlafen. Legen Sie sich auf die Rückbank und entspannen Sie sich. Schon eine kurze Pause bringt oft die Lebensgeister wieder zurück.
- Vertrauen Sie nicht auf die Wirkung falscher Wachmacher: Laute Musik, offenes Fenster oder Kaffee verhindern nicht die Übermüdung. Sie wiegen Sie nur in falscher Sicherheit!
- Falls Sie am Wanderplatz mit einem Wanderwart, Landwirt oder Förster verabredet sind, sollten Sie sich darauf vorbereiten, den Termin eventuell zu verschieben. Geben Sie telefonisch Bescheid, mit welcher Verspätung Sie voraussichtlich ankommen werden. Für Übermüdung werden Sie Verständnis ernten.
- Überlegen Sie sich eventuell, ob Sie das nächste Hotel aufsuchen möchten, um am nächsten Morgen ausgeschlafen weiterzufahren.

Tipp
Nachtwandern zu zweit ist sicherer - Sie können sich beim Fahren abwechseln.

Vorsicht beim Fahren

Der Transport von Bienenvölkern birgt noch weitere Tücken. Das gilt besonders für Imker, die das Gespannfahren nicht gewohnt sind. Nutzen Sie bewusster Ihre Rückspiegel auch während der Fahrt, aber vor allem beim Manövrieren!

Lange Anhänger scheren aus und können unter Umständen andere, etwa am Straßenrand parkende Fahrzeuge beschädigen. Fahren Sie besonders beim Abbiegen und in Kurven vorsichtig. Denken Sie auch beim Überholen und späteren Einscheren, dass Sie ein ungewöhnlich langes Gespann lenken.

Manche Anhänger sind breiter als das Zugfahrzeug. Denken Sie daran, wenn Sie enge Stellen passieren. Fahren Sie nicht mehr als 80 km/h beziehungsweise 100 km/h bei gebremsten Anhängern. Nutzen Sie Fahrpausen dazu, die Spannung der Zurrgurte zu überprüfen.

> **Gut zu wissen**
> Denken Sie an das Sonntagsfahrverbot.

Denken Sie an Fahrverbote
Falls Sie Ihre Bienen mit einem LKW transportieren, gilt für Sie das Sonntagsfahrverbot von 0:00 Uhr bis 22:00 Uhr. Beachten Sie, dass das Fahrverbot auch an Feiertagen gilt. Das Fronleichnamsfest ist in Bundesländern mit überwiegend katholischer Bevölkerung mit einem Fahrverbot belegt. Dieser Feiertag liegt in der Hauptwanderzeit Mai oder Juni.

Zwar bemüht sich der Deutsche Berufs- und Erwerbsimkerbund um eine Ausnahmegenehmigung für die Branche. Bisher waren Anstrengungen in diese Richtung jedoch nicht von Erfolg gekrönt.

Einrichtung des Wanderplatzes
Am Wanderplatz angekommen, richten Sie diesen zunächst so ein, dass die Bienen für die kommenden Wochen ein optimales Umfeld für ihre Sammelarbeit finden. In Obstplantagen und anderen Intensivkulturen, die während und zu Beginn der Blüte möglicherweise mit Pflanzenschutzmitteln behandelt werden, halten Sie mindestens 10 Meter Abstand zwischen Beuten und Pflanzen ein. Auf diese Weise verhindern Sie, dass die Beuten den Fahrzeugen des Landwirts im Weg stehen.

Kalte, feuchte Luft, wie sie sich in Bodensenken sammelt, begünstigt nicht nur die Entstehung von Pilzerkrankungen, sie hindert auch die Bienen daran, schon früh am Tag mit dem Ausfliegen zu beginnen. Ungeeignet sind die tiefsten Stellen eines Feldes oder tiefer gelegene Bereiche, durch die sich ein Bach schlängelt. Daher sollten Sie sich vor Ort einen Wanderplatz wählen, der etwas erhöht ist.

Legen Sie den Wanderstand nicht so an, dass die durch die Luft schwirrenden Bienen Spaziergänger oder Reiter belästigen. Halten Sie daher Abstand von Wanderwegen, Parkplätzen und anderen Orten, die von Ihren Mitmenschen frequentiert werden. Sie fördern so die Akzeptanz der Wanderimkerei.

Sicher bei Kunstlicht arbeiten
Falls Sie lieber abends oder in der Dämmerung wandern, ist es regelmäßig bereits finstere Nacht, wenn Sie am Wanderstand ankommen. Scheint dann nicht gerade der Mond, sehen Sie nichts.

Statt mit Taschen- und Stirnlampen zu hantieren, sorgen Sie besser für eine gute Ausleuchtung Ihres Wanderstandes. Bei geringen Völkerzahlen, die schnell abgeladen sind, genügt es meistens, die Scheinwerfer des Autos anzulassen und das Zugfahrzeug so abzustellen, dass der Wanderplatz angestrahlt wird. Doch Vorsicht: Diese Form der Beleuchtung geht zulasten der Autobatterie und es gibt kaum eine unangenehmere Situation, als mitten in der Nacht im Wald oder am Feld zu stehen und zu versuchen, den Motor wieder zum Laufen zu bringen. Dann können Sie nur warten – entweder darauf, dass Ihre Batterie wieder Spannung aufbaut oder auf die gelben Engel vom Abschleppdienst.

Ist absehbar, dass das Einrichten denWanderplatzes länger dauert, sollten Sie unbedingt einen Stromgenerator und einen Beleuchtungsmasten mit einem oder zwei 400-Watt-Scheinwerfer mitnehmen. Beides erhalten Sie in gut sortierten Baumärkten. Damit leuchten Sie auch den größten Wanderstand so noch aus, dass Sie ihn gefahrlos einrichten können. Sie laufen nicht in Gefahr, in Löcher zu treten, in einen Graben zu fallen oder über Äste zu stolpern.

Dunkelheit in der Nacht ist keine Begründung, auf Arbeitssicherheit beim Wandern zu verzichten. Sicher arbeiten können Sie nur, wenn Sie auch etwas sehen!

Aufstellen der Völker

Auch am Wanderplatz selbst ist es besser für Ihre Bienen, wenn sie nicht direkt am Boden, sondern auf einer Unterlage stehen. Das entspricht der Natur der Tiere, die ursprünglich in ausgehöhlten Bäumen lebten. Außerdem verhindern Sie so das Eindringen von Mäusen und anderen unerwünschten Besuchern. Nutzen Sie eine dieser Möglichkeiten:

- Eine ganz einfache Möglichkeit sind dünne Platten aus wasserfest verleimten Holzschichten, Dachpappe oder Zuschnitte von LKW-Planen. Diese legen Sie einfach auf den Boden und treten die Vegetation so nieder, dass die Fläche eben ist. Stellen Sie die Beuten darauf ab. Diese Unterlagen sollten mindestens 30 cm nach allen Seiten überstehen, sodass die Bienen sich nicht durch Gras und Unterholz mühen müssen. Die Bienen stehen dabei sehr bodennah und sind trotzdem vor dem unmittelbaren Kontakt mit dem Erdreich geschützt.
- Mehr zu empfehlen sind Paletten. Sie gibt es in ganz verschiedenen Varianten. So können Sie im Imkereifachhandel spezielle Kunststoffpaletten erwerben, die leicht sind und für gängige Beutensysteme passen. Alternativ können Sie leichte, kleine Einwegpaletten nutzen. Diese werden von Unternehmen wie zum Beispiel Druckereien gerne abgegeben, da sie sich auf diese Weise die Entsorgung sparen. Denkbar sind auch die deutlich schwereren und stabileren Europaletten. Auf jeder Europalette ist genug Platz für vier Beuten. Erwerbsimker arbeiten oft mit Paletten, die exakt zu ihren Beuten passen, sodass sie beim Transport wenig Platz einnehmen.
- Wanderböcke sind die klassische Variante, Völker aufzustellen. Auch hier gibt es mehrere Varianten, doch in der Regel bestehen sie aus zwei Seitenteilen, die auf dem Boden stehen und zwei Balken, die

Tipp
Stellen Sie Ihre Beuten auf eine Unterlage. Das verhindert das Eindringen von Schädlingen.

als Auflage für die Beuten darauf geschraubt oder gelegt werden. Je länger die Balken gewählt werden, desto mehr Völker haben auf ihnen Platz.
- Sonstige Konstruktionen gleichen oft den Wanderböcken und werden aus Materialien gebaut, die gerade greifbar sind. So dienen zum Beispiel Ziegelsteine oder Beton-Pflanzringe als Auflage für die Balken. Eine sehr leichte Balkenauflage sind Mineralwasser- oder Bierflaschen-Kisten. Darauf stehen die Bienenvölker hoch und lassen sich rückenfreundlich bearbeiten (siehe Foto 3 auf Tafel 6).

Die richtige Art der Aufstellung

Aus der Konstruktion des Wanderstandes ergibt sich in vielen Fällen, wie die Bienen am Wanderstand gruppiert werden. Traditionell ist die Reihenaufstellung. Dabei werden alle Bienenvölker eines Standes in einer Flucht aufgestellt. Sie stehen wie die Soldaten nebeneinander und können dadurch leicht von hinten bearbeitet werden. Die Deckel der Nachbarvölker dienen dabei als Ablage für den Smoker und andere Gerätschaften.

Aus Gründen der Bienengesundheit wird die Reihenaufstellung heute kritischer gesehen. Die Bienen verfliegen sich dabei sehr leicht. Außerdem entwickeln sie sich und sammeln unterschiedlich stark. Völker am Rand der Reihe quellen regelmäßig vor Bienen über und haben die größten Honigvorräte. Der Grund: Etwas orientierungslose Sammelbienen fliegen das Ende der Reihe an und verstärken diese Randvölker immer mehr (siehe Foto 2 auf Tafel 3).

Daher empfiehlt es sich, besonders bei größeren Wanderständen, die Beuten in Zweier- oder Vierergruppen aufzustellen. Dadurch wird der Verflug verringert, denn die Bienen können sich leichter in ihrem Flugraum zurechtfinden und sich genauer auf ihre Heimatbeute einfliegen. Bei der Rückkehr vom Sammelflug verlieren sie dann nicht so leicht die Orientierung. Das ist besonders für solche Imker interessant, die den Honigertrag pro Volk ermitteln. Außerdem werden Krankheiten weniger leicht übertragen.

Ein Stand aus Zweier- oder Vierergruppen braucht indes mehr Platz. Das bedeutet längere Fußwege bei der Bearbeitung. Außerdem steht

> **Gut zu wissen**
> Die typische Reihenaufstellung ist nicht immer ideal, Zweier- oder Vierergruppen sind eine gute Alternative.

> **Tipp**
> Besonders in den späten Trachten, wenn die Bienenwohnungen nicht mehr so hoch sind und die Schwarmkontrolle überflüssig ist, können Sie die Beuten am Stand stapeln. Stabil stehen die Beuten, wenn Sie immer zwei Beuten als Unterlage für eine darauf gestellte Bienenwohnung nutzen. Um Verflug zu vermeiden, richten Sie die Fluglöcher unterschiedlich aus. (Siehe Foto 2 auf Tafel 8)

der Imker oft in der Einflugschneise irgendeines Bienenvolkes, was das Anlegen einer Schutzbekleidung unabdingbar macht.

Achten Sie auf eine gute Wasserversorgung
Durch gute Trachtbedingungen gehen die Bienen am Wanderstand rasch und stark in Brut. Jedes brütende Bienenvolk braucht im Frühjahr rund 200 ml Wasser zusätzlich zu dem Wasser, das die Bienen als Kondenswasser in den Ecken der Beute und unter der Folie aufnehmen können. Daher ist eine ausreichende Versorgung am Wanderstand notwendig.

Leider wird hier viel falsch gemacht. Durstige Bienen des Wanderimkers stürzen sich dann auf die Teiche und Regenfässer der Bevölkerung in der Nachbarschaft und die Akzeptanz der Wanderimkerei leidet darunter.

So ist jeder Wanderimker aufgerufen, für ausreichende Wasservorräte zu sorgen. Nur wenn sich in der Nähe des Bienenstandes ein offenes Gewässer, das heißt ein Tümpel, Bach oder Fluss befindet, können Sie darauf verzichten. Fehlt die natürliche Wasserquelle, sind Sie in der Pflicht! Dabei gibt es verschiedene Darreichungsformen:

- Kleinimker mit nur wenigen Wandervölkern nutzen gerne flache Schalen in der Art von Vogeltränken. Einige über die Wasseroberfläche gelegte Gräser verhindern das Ertrinken der Bienen. Durch die große Oberfläche kann das Wasser rasch verdunsten (siehe Foto 4 auf Tafel 6).
- Daher sind ein hoher, schmaler Eimer, ein Fass oder ein ausrangierter Hobbock die bessere Wahl. Einige in den Behälter geworfene Brettchen oder Styroporstücke sind hygienisch und zugleich eine sichere Schwimmhilfe für Ihre Bienen (siehe Foto 2 auf Tafel 5). Nehmen Sie nur im Notfall als Schwimmhilfe am Wanderstandort eingesammelte Rindenstückchen und Äste, denn diese können in der Wärme des Sommers das Wasser innerhalb weniger Tage in eine stinkende Jauche verwandeln. Manche Imker geben auf 10 Liter Wasser einen Teelöffel Speisesalz in das Wasser, um es länger haltbar zu machen.
- In seltenen Fällen kommt es vor, dass es in der Nähe des Wanderstandes eine Wasserquelle gibt, doch der Imker möchte nicht, dass die Bienen dieses Wasser nutzen. Das kann beispielsweise auf einer Obstplantage sein, wo es einen tropfenden Wasserhahn gibt, an dem die Arbeiter sich waschen. Oder die Bienen stehen zur Lindentracht in der Stadt und dort in der Nähe gibt es einen öffentlichen Brunnen. Dann muss eine Bienentränke her, die für die Bienen so unwiderstehlich ist, dass sie nur diese anfliegen. Gute Ergebnisse erzielen Sie mit einer Handvoll Torf, die Sie in das Wasser geben. Es sinkt mit der Zeit auf den Boden des Gefäßes. Dabei gibt es einen bei Bienen sehr beliebten Geschmack ab.

Tipp
Richten Sie die Tränke ein, bevor Sie die Fluglöcher öffnen. Oft fliegen die Bienen durstig aus den Fluglöchern und stürzen sich gleich begierig auf das Wasser.

> **Tipp**
> Mit der Duftlenkung erreichen Sie, dass Ihre Bienen eher auf Ihre Wunschtracht als andere Trachten auffliegen.

Lenken Sie die Bienen auf die Wunschtracht

Leider bereiten die Bienen dem Imker nicht immer die Freude, genau in jene Tracht zu fliegen, die der Imker einige Wochen später schleudern möchte. Im Wald aufgestellte Bienen befliegen zum Beispiel Himbeeren statt den von den Fichten tropfenden Honigtau.

In solchen Fällen greifen manche Imker ein und „lenken" ihre Bienen durch Duft, denn es ist bekannt, dass die Bienen nicht nur auf Farben, sondern auch auf Düfte reagieren. Die Duftlenkung wurde besonders im letzten Viertel des 20. Jahrhunderts angewandt und geriet danach mehr und mehr in Vergessenheit. Trotzdem sollte sie dem Wanderimker bekannt sein. Angesichts des mit der Wanderung verbundenen Aufwands ist jede Methode willkommen, die den erhofften Ertrag erbringt. Folgende Methoden haben sich bewährt:

1. Bei Blühbeginn sammelt der Imker eine Handvoll Blüten der gewünschten Trachtpflanze. Diese werden mit kochendem Wasser nach Art eines Tees aufgegossen. Den Absud verarbeitet man dann mit Zucker zu einer Reizfutterlösung und gibt sie den Bienen in einem Futtergefäß.
2. Die Blüten werden über Nacht in Alkohol gelegt. Der so entstehende Likör wird ins Reizfutter getropft oder stark mit Wasser verdünnt (20 Tropfen/Liter) in die Wabengassen gesprüht.
3. Die frisch gezupften Blüten werden den Bienen morgens aufs Flugbrett gelegt. Dies muss allerdings an mehreren Tagen wiederholt werden, um einen Effekt zu erzielen.
4. Soll Waldhonig geerntet werden, wird noch in der Imkerei vorhandener Waldhonig in Wasser verdünnt. Die so entstehende Lösung wird in die Wabengassen über die Bienen geträufelt.
5. Haben Sie keinen Waldhonig, dann pflücken Sie zwei Eimer voll junger Fichtentriebe. Übergießen Sie diese mit kochendem Wasser und rühren Sie mehrfach kräftig um. Nach 20 Minuten seihen Sie die Lösung ab. Dieser Tee wird 1:1 mit Zucker vermischt. Träufeln Sie nach Ende des Bienenflugs 300 bis 500 ml der Lösung in die Wabengassen.

Öffnen der Fluglöcher

Nachdem die Beuten mit den Völkern auf den Paletten im Gelände am Wanderplatz stehen, treffen Sie die Entscheidung, ob Sie sie so stehen lassen oder die Gurte lieber entfernen. Nehmen Sie die Gurte ab, wenn Sie während der Tracht die Völker durchschauen müssen, oder fürchten müssen, dass die Gurte gestohlen werden. Gurte sind auch entbehrlich, wenn die Beuten windgeschützt stehen und die Deckel nicht heruntergeweht werden können. Anders sieht es aus, wenn Sie nach der Tracht rasch wieder abwandern möchten. Dann sollten die Gurte unbedingt aus einem Material sein, das UV-Licht-beständig ist.

Während Sie die Völker aufgestellt und gegebenenfalls entgurtet haben, konnten sich die Bienen etwas beruhigen. Nun ist die Zeit gekom-

1 Würzig und herb ist der Honig, den Bienen aus dem Nektar der Besenheide herstellen.   **2** Zartrosa blüht der Buchweizen. Er wird nur noch selten angebaut.   **3** Viele Berufsimker nutzen für ihre Wandervölker das Dadantmaß und erzielen so bessere Ernten.   **4** Kaum sind die Fluglöcher geöffnet, krabbeln die Bienen an der Frontseite der Beute empor.

Tafel 2

1 Hinter einem stabilen Zaun abgestellt, sind die Bienen vor Dieben besser geschützt als auf dem freien Feld. **2** In Gruppen aufgestellt, verfliegen sich die Sammelbienen weniger leicht. **3** Der Veterinär prüft den Gesundheitszustand der Bienenvölker für die Wandergenehmigung. **4** Die meisten Imker wandern heutzutage mit einem Autoanhänger.

Tafel 3

1 Imker, die auf Duftlenkung schwören, zupfen bei Blühbeginn einige Blüten und legen sie den Bienen aufs Flugbrett.   **2** In Reihe aufgestellt, lassen sich Wandervölker schneller bearbeiten.   **3** In den ersten Jahren nach der Pflanzung wird Spargel noch nicht gestochen. Er kann dann angewandert werden.   **4** Ein häufiges Bild in Deutschland: Direkt am Stadtrand beginnen die Rapsfelder und locken mit süßem Nektar.

Tafel 4

1 Vor der Wanderung sollten sich Landwirt und Imker über mögliche Standplätze verständigen. **2** Beuten aus Styropor sind leichter, brauchen aber mehr Platz als Holzbeuten. **3** Der Wanderwagen mit fest eingebauten Normbeuten war in der DDR weit verbreitet. Heute steht er im Museum. **4** Der Wohnwagen als Bienenwohnung kann im Gegensatz zum Wanderwagen mit dem PKW gezogen werden.

1 Das Pick up car wird über die Beute gestülpt. Dann kann angehoben und losgefahren werden.
2 Eine gute Wasserversorgung am Wanderstand ist Pflicht. Ein Eimer mit einigen Styroporstückchen ist hygienisch.   **3** Am Wanderstand dürfen Hinweise auf den Eigentümer und die Gesundheit der Bienen nicht fehlen.   **4** Die Scheinakazie liefert einen lieblichen, zart duftenden und lange flüssigen Honig.

Tafel 6

1 Sie behalten die Überblick, wenn Sie sich nach jeder Kontrolle Besonderheiten notieren. **2** Auf längeren Wanderungen sollte bei jedem Stopp kontrolliert werden, ob die Gurte noch richtig sitzen. **3** Ausgediente Getränkekisten als Unterbau für den Wanderstand sind leicht und stabil. **4** Eine Schale mit einigen ausrissenen Gräsern eignet sich für kleine Wanderstände, kann aber auch schnell austrocknen.

1 Ob die Sonnenblume honigt, hängt vor allem von der Sorte und von der Bodenfeuchtigkeit ab. 2 Diese Beuten sind fest auf Europaletten geschraubt. Zusammen mit einem Raupenstapler und einem LKW sind sie Teil eines schlüssigen Wanderkonzepts. 3 Eine Lösung für Großimker sind LKW mit einer Hebebühne. 4 Bei der Brutdistanzierung werden fast alle Brutwaben entnommen. Das verhindert das Schwärmen wirkungsvoll.

Tafel 8

1 Hier hat der Förster den Wanderstand für die Imkerei Kohfink vorbildlich markiert. **2** Müssen die Völker am Wanderstand nicht bearbeitet werden, passen auch drei Völker auf eine Palette. Die Fluglöcher zeigen jedes in eine andere Richtung. **3** Die Pfalz ist ein begehrtes Wanderziel für den leicht bitteren Edelkastanienhonig. **4** Der Apilift vereint die für eine Wanderung nötigen Hebe- und Transportfunktionen in einem Gerät.

men, die Fluglöcher zu öffnen. Dabei beginnen Sie mit den Bienen, die Sie zuerst am Wanderplatz aufgestellt haben, und arbeiten sich in der Reihenfolge durch, in der Sie die Völker aufgestellt haben.

Ist die Witterung warm, dann werden die Bienen mit einer ans Schwärmen erinnernden Urgewalt aus den Fluglöchern hervorquellen.

> **Tipp**
> Tragen Sie beim Öffnen der Fluglöcher unbedingt Ihre Schutzbekleidung. Handschuhe sind sinnvoll, falls Sie Schaumstoffstreifen als Verschlüsse gewählt haben. Oft sitzen auf diesen noch Bienen, die sich gegen das Quetschen mit der Hand schmerzhaft wehren.

Start in der neuen Umgebung

Trotzdem sollte noch Zeit bleiben, den Bienen bei ihrem Neubeginn zuzuschauen. Diese stellen rasch fest, dass sich die Umgebung seit dem letzten Ausflug verändert hat. Sie klettern an der Vorderfront der Beute empor. Die neugierigsten Tierchen verschwinden kurz darauf wieder im Flugloch, um alsbald wieder – dieses Mal viel ruhiger – hervor ans Licht zu krabbeln.

Und schon fliegen die ersten aus, ziehen immer größere Kreise in der Luft um ihre Beuten und gewinnen mehr und mehr an Höhe. So prägen sie sich den neuen Standort ein. Dieses Schauspiel gleicht dem Einfliegen von Jungbienen an sonnigen Mittagen. Bereits 30 Minuten später haben sich die Bienen beruhigt und den normalen Flugbetrieb aufgenommen. Sie erkennen dies daran, dass Ihre Lieblinge mit dicken Pollenhöschen zurück zu ihrem Bienenstock kommen.

Bis es soweit ist, hatten Sie genug Zeit, die separat mitgeführten Honigräume aufsetzen, sofern Sie dies nicht schon am Tag vor der Wanderung gemacht haben.

Unmittelbar vor dem Verschließen und Verladen der Völker sollten Sie keinesfalls frisch abgeschleuderte Honigwaben aufsetzen, denn honigfeuchte Waben sorgen für gehörige Aufregung. Bei jedem *in* den Völkern angebotenen Futter vermuten die Bienen, dass dieses von *draußen* kommt und suchen nach der Trachtquelle. Finden Sie dann das Flugloch verschlossen vor, können Sie verbrausen. Daher sollte zwischen dem Wandervorgang und dem Aufsetzen der Honigräume eine angemessene Pause sein.

> **Tipp**
> Beobachten Sie Ihre Bienen in der neuen Umgebung.

Wandern im Winter

Auch wer nicht plant, Bienen in den Wintermonaten in den Süden zu bringen, kommt manchmal in die Verlegenheit, seine Bienen in ihrer wohlverdienten Winterruhe zu stören und sie umzusetzen. Die während des Sommers nötige Vorsicht können Sie sich im kalten Winter oder in den kühlen Frühjahrs- und Herbstmonaten sparen. Es gibt dann im Bienenvolk weder dünnen Honig noch nennenswerte Brut, die durch Verbrausen Schaden nehmen könnte.

Daher brauchen Sie keinen hohen Wanderboden oder eine andere Form des Trommelraumes. Auch die Fluglöcher brauchen Sie nicht zu verschließen. Die Bienen laufen bei der Wanderung möglicherweise etwas auseinander, doch ziehen sie sich am neuen Standort sofort wieder zur Winterkugel zusammen.

Ebenso wichtig wie bei der Wanderung im Sommer ist es aber, dass die Völker während des Transports gut verzurrt sind und auf diese Weise weder herumrutschen, wackeln, noch hin- und herschlenkern können.

Gut zu wissen

Bienen erinnern sich auch nach monatelangem Winter noch gut an den Standort ihres Stocks. Wenn Sie daher im Winter Bienen verstellen, empfiehlt es sich, sie außerhalb des Flugkreises zu bringen. Sonst haben Sie am ersten Flugtag des Frühlings viel Flugbetrieb am vermeintlich leeren Bienenstand und viele tote Bienen nach der ersten Nacht.

Schützen Sie Ihre Bienen vor Diebstahl

Besonders in Jahren mit hohen Auswinterungsverlusten kommen manche Kollegen auf die Idee, die eingegangenen Völker durch solche zu ersetzen, die im Frühjahr am Rand von Feldern unbeobachtet herumstehen.

Viele Imker lassen deshalb ihre Bienen mit einem ungutem Gefühl am Feldrand zurück. Dabei bringen die üblichen Tipps, wie beispielsweise die Bienenkästen zu markieren, wenig. Denn sind die Bienen erst einmal in einem fremden Garten verschwunden, ist die Chance, sie je wiederzusehen, äußerst gering. Eine absolute Sicherheit gibt es nicht, trotzdem können Sie es den Langfingern so schwer wie möglich machen, an die begehrten Bienen zu kommen.

Erschweren Sie den Abtransport

Diebe kundschaften zunächst einen Bienenstandort aus. Dabei kalkulieren sie, wie viel Zeit sie für den Diebstahl brauchen werden, denn sie wollen nicht entdeckt werden. Informieren Sie die Anwohner in der Nähe Ihres Bienenstandes, dass die Bienen gestohlen werden könnten und bitten Sie sie, auf verdächtige Personen zu achten und gegebenenfalls deren Autonummern zu notieren. Doch das reicht noch nicht.

- Sichern Sie den Bienenstand mit einem stabilen Zaun und einem Tor. Suchen Sie sich nach Möglichkeit Wanderplätze, bei denen die Bienen hinter Gittern stehen. Wenn Sie wandern, fragen Sie den

Tipp
Bitten Sie Ihre Nachbarn ein Auge auf Ihre Bienen zu haben.

Förster oder den Bauern, ob er eine Möglichkeit für Sie hat, die Bienen gesichert unterzubringen.
- Schrauben Sie die Böden Ihrer Beuten an der Auflage, zum Beispiel auf Paletten oder Balken fest. Wenn der Dieb sieht, dass er die Völker nicht einfach verschnüren und aufladen kann, sieht er möglicherweise von seinem Vorsatz ab.
- Stellen Sie Ihre Völker ohne Böden auf. In den frühen Trachten räubern die Bienen noch nicht. Wenn die Flugbienen Lücken in der Palette finden, auf der die Zargen stehen, sammeln sie auch ohne Beutenboden Nektar. Für den Dieb ist ein Bienentransport ohne Boden jedoch ein ernstes Hindernis.
- Stellen Sie ein Schild mit dem Hinweis „Achtung Videoüberwachung" auf. Selbst wenn Sie (noch) keine Kamera installiert haben, wirken diese Worte abschreckend.

Finden Sie Ihre Beuten per GPS
Seit Kräne und Radlader über Nacht von Baustellen verschwinden, haben Bauunternehmer ihre Maschinen mit kleinen Peilsendern ausgerüstet, die von sich aus mitteilen, ob sie noch arbeiten oder schon auf einer Reise in eine neue Heimat sind.

Genutzt wird dazu der von Autonavigationssystemen bekannte GPS-Dienst. Speziell für den Einsatz bei Imkern sind kleine GPS-Sender wie beispielsweise das Gerät „GTS-Nano®" sinnvoll. Es gibt täglich eine Positionsmeldung per SMS ab. Anschließend schaltet es sich wieder für 24 Stunden ab. Mit diesem Gerät lassen sich einzelne Beuten ausrüsten, denn es misst nur 3,5 × 4,7 cm und ist 1,4 cm hoch.

Sollten Sie feststellen, dass Ihre Bienen abtransportiert wurden, dann können Sie den Sender so aktivieren, dass er alle fünf Minuten eine Positionsmeldung abgibt. Das ermöglicht es Ihnen und der Polizei, die gestohlenen Bienen noch während des Abtransports zu finden. Je nach Anwendungsfall kann das GTS-Nano auch ständig aktiv sein und immer dann reagieren, wenn der Bienenkasten bewegt wird. Im Normalbetrieb (1 Meldung/Tag) reicht eine Batterieladung für drei bis vier Jahre. Angebote finden Sie in der Fachpresse und im Internet.

Orten Sie Ihre Beuten per Handy
Weil viele Imker gerne basteln, kursieren zahlreiche Tipps, wie Bienendiebstähle mit Hilfe eines Handys verhindert werden können. So soll eine Konstruktion aus einem Bewegungsmelder und einem Handy den Imker alarmieren. Ähnlich funktioniert auch eine Methode, bei der eine zuschnappende Mausefalle das Handy in Betrieb setzt und den Imker informiert, dass sich etwas am Stand tut. Das Problem dabei: Bis Sie vor Ort sind, ist es der Bienendieb nicht mehr.

Eine einfache Möglichkeit zu erfahren, wo die Bienen aktuell stehen, arbeitet ebenfalls mit einem Handy. Es wird in einem doppelten Boden

> **Gut zu wissen**
>
> Die GPS-Ortung ist nur auf 200 Meter genau. Das reicht aber, um Dieb und Bienen zu finden. Da die Bienen draußen stehen und meist von Imkern gestohlen werden, um den eigenen Bienenbestand aufzustocken, brauchen Sie nur in dem auf der Karte erkennbaren Kreis nach Bienenstöcken anderer Imker Ausschau zu halten.

oder in der Isolation des Innendeckels versteckt, wo es von den Dieben auch beim Auseinandernehmen des Volkes nicht entdeckt wird. Per Funkpeilung oder GPS-Navigation kann das Handy geortet werden.

Zur Auswahl steht die kostenlose Software Google Latitude für Handys der modernsten Generation, die mit dem Betriebssystem Android arbeiten. Für ältere und einfachere Handys bietet sich der Dienst „Track your kid" an (http://www.trackyourkid.de/). Nach der Anmeldung können Sie vom heimischen PC aus auf einer Karte erkennen, wo das Handy und damit Ihre Bienen aktuell positioniert sind.

Wenn Sie Fernwanderungen unternehmen, bei denen die Bienen vier oder sechs Wochen in der Tracht stehen, beispielsweise in der Heide, ist die Akkulaufzeit des benutzten Handys wichtig. Telefone mit Durchhaltevermögen finden Sie auf der Seite http://www.inside-handy.de/handy-finder.

> **Tipp**
> Ein einfaches Handy genügt, um Ihre Bienen wiederauffindbar zu machen.

Jagen Sie den Dieb mit Wildkamerafotos

Auch auf Wanderständen müssen Sie nicht auf Überwachungstechnik verzichten. Sogenannte Wildkameras liefern selbst in der Nacht gestochen scharfe Infrarotfotos. Diese Kameras nutzen Jäger, um die Gewohnheiten von scheuem Wild auszukundschaften. Sie lösen aus, wenn sich im Beobachtungsfeld des Bewegungsmelders etwas regt. Ob es

> **Gut zu wissen**
>
> Nach § 6b Bundesdatenschutzgesetz können Sie Ihr eingezäuntes Bienengrundstück uneingeschränkt videoüberwachen. Anders sieht dies bei Wanderplätzen in Wald und Flur aus, wo möglicherweise harmlose Spaziergänger abgelichtet werden könnten. Diese müssen Sie durch ein Schild am Stand darauf aufmerksam machen, dass dieser Bereich überwacht wird. Laut Gesetz muss die Größe bzw. Höhe des Diebstahlsrisikos in einem Verhältnis zum Mitteleinsatz stehen. Angenommen, Sie möchten einen Bienenstand mit nur vier Völkern beobachten, geht es um einen Wert von mindestens 1000 €. Damit steht bereits jede Überwachungsmethode in einem vernünftigen Verhältnis zum Wert Ihrer Bienen.

sich um Mensch oder Tier handelt – für die Kamera gibt es keinen Unterschied. Alle Fotos werden auf einem Speicherchip festgehalten.

Preiswertere Wildkameras arbeiten mit einem roten Blitz. Wild stört das nicht, doch der Dieb wird hellwach. Er kennt das Licht von Radarfallen auf der Straße. Daher müssen Sie für einen effektiven Bienenschutz etwas tiefer in die Tasche greifen. Teurere Kameras arbeiten mit einem sogenannten Schwarzblitz, der für das menschliche Auge unsichtbar ist.

Achten Sie auf eine möglichst unscheinbare, zum Beispiel an Rinde erinnernde Optik. So ist die Kamera gut getarnt. Auch eine Akkulaufzeit von mehreren Monaten ist ein wichtiges Kaufargument, sodass Sie nur einmal zu Beginn der Wandersaison Batterien einlegen müssen. Entsprechende Geräte werden inzwischen auch im Anzeigenteil der Imkerfachpresse angeboten.

Kontrollieren, ernten und abwandern

Während Sie Ihre Bienen nach der Sommersonnenwende sich weitgehend selbst überlassen können, kommen Sie während der früheren Trachten wie Obst, Raps und Robinie nicht umhin, Ihre Völker regelmäßig zu kontrollieren. In diesem Kapitel erfahren Sie, was Sie dafür brauchen, mit welcher Betriebsweise Sie unliebsame Überraschungen vermeiden und wie Sie bis zur Abwanderung Ihre Bienen so führen, dass sie fleißig und gesund bleiben.

Zu Besuch am Wanderstand

Viele Imker mögen ihre Tätigkeit, weil die Bienen immer für Überraschungen gut sind. Es wird nie langweilig. Ein Standimker ist darauf in der Regel gut vorbereitet, denn er hat in seiner Imkerei immer alles in greifbarer Nähe.

Anders der Wanderimker, er steht immer wieder vor der Situation, improvisieren zu müssen, weil seine Bienen etwas machen, womit er nicht gerechnet hat. Trotzdem können Sie Vorsorge treffen, indem Sie in Ihrem Fahrzeug neben Ihrer Werkzeugkiste folgende Gegenstände zum Besuch Ihrer Bienen mitführen.

- Kanister mit **Trinkwasser** zum Wiederauffüllen der Tränke, zum Waschen von Bienenbesen, Stockmeißel und Händen.
- **Zeitungspapier**: Zum Reinigen von Völkern, zum Schutz von Oberflächen (zum Beispiel im Kofferraum) vor Verunreinigungen beispielsweise durch tropfenden Honig, zum Verschließen von Fluglöchern und Abdichten von Schlitzen und Löchern.
- **Kunststofffolie** als Ersatz für zernagte Folie sowie zum Absperren oder -dichten von Zargen.
- Großer **Eimer** mit verschließbarem Deckel zum Abtransport von ausgeschnittenem Drohnen- und Wildbau.
- Kleiner Eimer zum Waschen der Werkzeuge.
- Eine **Leerzarge**, einen **Wabenbock** oder einen an der Beutenaußenseite anklemmbaren **Wabenhalter**, in dem einem Volk entnommene Rähmchen sicher aufgehängt werden können. Aus hygienischen Gründen verbietet es sich nämlich, Waben direkt auf dem Erdboden abzulegen.
- **Schwarmfangkiste** oder **Feglingskasten** mit Drahtgitterboden zum Einfangen von abgegangenen und noch in greifbarer Nähe hängenden Schwärmen, zum Abfegen von Bienen zur späteren Bildung von Kunstschwärmen oder Begattungsvölkchen.

> **Tipp**
> Achten Sie darauf, dass Sie alle wichtigen Gegenstände bei sich führen, wenn Sie Ihre Bienen kontrollieren.

- **Zusetzkäfige** oder besser **Schlupfkäfige** mit Klemmstopfen zum Einsammeln, Transport und zum Verwerten von frisch geschlüpften Königinnen.
- Zargen mit **Mittelwänden** oder **Leerwaben** zum Erweitern von sich überraschend stark entwickelnden Völkern und zur Entlastung von verhonigten Brutnestern.
- **Gurte** zum Transport ursprünglich nicht vorgesehener Zargen oder Völker.
- **Taschen- oder Stirnlampe** zum Einsatz bei schlechten Sichtverhältnissen zum Beispiel im schattigen Wald.

> **Tipp**
>
> Es ist sinnvoll, die wichtigsten Werkzeuge wie Stockmeißel oder Bienenbesen in doppelter Ausführung mitzuführen. Denn es ist unerfreulich, wenn Sie am Wanderstand mit der Arbeit beginnen wollen und feststellen, dass Sie Ihren Stockmeißel an einem anderen Bienenstand vergessen haben oder dass Ihr Bienenbesen plötzlich unter Haarausfall leidet.

Schwarmfrei imkern

Schwärme sind keine Krankheit. Trotzdem sind sie bei Wanderimkern unbeliebt. Abgeschwärmte Völker bringen zwar am Wanderstand reichlich Honig, doch sie fallen für alle nachfolgenden Trachten aus. Außerdem können sich Anwohner belästigt fühlen, wenn Schwärme fallen, aber der dazugehörige Bienenhalter nicht kommt, um sie einzufangen. Hierbei hat es ein Standimker meistens leichter.

Daher ist es so wichtig, dass Sie die Schwarmneigung Ihrer Wandervölker unter Kontrolle haben. Eine einfache Möglichkeit ist die Brutdistanzierung. Dazu legen Sie ein zweites künstliches Brutnest über dem Honigraum an. Gehen Sie dabei wie im Folgenden beschrieben vor.

Sie haben ein sich zügig entwickelndes Volk vor der Sommersonnenwende vor sich. Es besteht im Regelfall aus zwei Zargen mit Brut und einer Zarge mit Honig. Es ist nicht in Schwarmstimmung, sondern hat allenfalls damit begonnen, Spielnäpfchen anzusetzen.

Schritt 1

Teilen Sie das Brutnest oder entnehmen Sie ihm die Hälfte der Brutwaben. Wählen Sie besonders die Waben mit offener Brut aus. Stoßen Sie alle Bienen ab und hängen Sie die nun bienenfreien Waben in eine Leerzarge.

Schritt 2
Ersetzen Sie die entnommenen Waben durch Mittelwände oder Leerwaben. Hängen Sie diese Waben an den Rand des verbliebenen Brutnestes.

Schritt 3
Setzen Sie die entnommenen Brutwaben über den Honigraum. Ihr Magazin besteht nun aus vier Zargen. In den kommenden Stunden werden die Pflegebienen durch das Absperrgitter und den Honigraum zur Brut emporklettern und diese weiterpflegen.

> **Tipp**
>
> Da durch das Teilen des Brutnestes auch Drohnen nach oben gehängt wurden, empfiehlt sich ein zweites Flugloch im Deckel, damit die männlichen Bienen abfliegen können. Durch ein zweites Flugloch oberhalb des Honigraums sorgen Sie auch für eine gute Durchlüftung des Bienenstocks. In der Regel gelingt es Ihnen, dadurch auch den Wassergehalt des fertigen Honigs zu senken.

Schritt 4
Wiederholen Sie das Hochhängen der Brut, wenn Sie bei der nächsten Durchsicht den Eindruck haben, dass es im (unteren) Brutnest zu eng werden könnte.

Beim nächsten Besuch am Wanderstand können Sie die hochgehängten Waben abfegen und die Bienen zur Bildung von Kunstschwärmen verwenden. Neun Tage nach Bildung des zweiten Brutnestes können Sie die Waben entnehmen und einen Sammelbrutableger bilden, den Sie später beispielsweise zur Königinnenzucht verwenden. Auf diese Weise verbinden Sie elegant schwarmfreies Imkern am Wanderstand mit der Vermehrung am Heimatstand.

Schwärme am Wanderstand
Trotzdem kann es vorkommen, dass Sie bei der Durchsicht Ihrer Völker feststellen, dass ein Vorschwarm abgegangen ist und die jungen Königinnen kurz vor dem Schlupf stehen oder womöglich schon geschlüpft sind. Ohne imkerlichen Eingriff würden Sie weiter Bienen in Form von Nachschwärmen verlieren.

Als Standimker könnten Sie jetzt das Volk in Ableger aufteilen – immer eine Jungkönigin beziehungsweise Wabe mit schlupfreifer Zelle, Brut- und Honig/Pollenwabe zu einer neuen Einheit zusammenstellen. Doch am Wanderstand fehlt Ihnen aber alles, was Sie dafür brauchen: Böden, Zargen, Deckel.

Nehmen Sie in dieser Situation die Schlupfkäfige mit den Klemmstopfen aus Ihrer Werkzeugkiste. Mit einem Messer trennen Sie vorsichtig die noch nicht geschlüpften Weiselzellen aus ihren Waben, klemmen sie ein und stecken sie in das Loch des Schlupfkäfigs. Geben Sie drei bis vier Bienen dazu und etwas Futterteig oder Honig. So transportieren Sie die Königinnen, die Ihnen die Natur geschenkt hat, zur weiteren Verwertung sicher an ihren Heimatstand zurück.

Sind indes die Königinnen schon am Schlüpfen, in dem sie bereits den Rüssel aus der Sollbruchstelle der Weiselzelle stecken, dann können Sie etwas nachhelfen. Befreien Sie die Königin vorsichtig mit dem Fingernagel oder einem scharfen Messer aus ihrem Gefängnis und setzen Sie das Tier zusammen mit einigen Bienen und etwas Futter in einem Zusetz- oder Schlupfkäfig. Falls Sie Honig nutzen, seien Sie sehr sparsam damit, denn die Begleitbienen und die Königin sollen nicht verkleben.

Halten Sie Ordnung
Gelegentlich machen Wanderstände einen wüsten Eindruck. Jede aufgestellte Beute neigt sich windschief in eine andere Richtung. Im Gras liegen Leerwaben und Mittelwände. Bäume sind geknickt und Bienenweidepflanzen zertrampelt.

Bedenken Sie, dass Sie mit einem Bienenwanderstand das Bild mitprägen, das Passanten und Wanderer von der Imkerei haben. Daher sollten Sie gerade in der freien Natur auf Ordnung achten und den Wanderstand nach der Kontrolle ordentlich hinterlassen.

Achten Sie ganz besonders darauf, dass der Inhalt des ausgekippten Smokers gründlich gelöscht ist. Kippen Sie Wasser aus einem Kanister auf die glimmenden Reste und zerreiben Sie Asche, Boden und Wasser mit dem Stiefel zu einem Brei.

Tipp
Halten Sie Ihren Wanderstand ordentlich und löschen Sie die Glut Ihres Smoker gründlich.

Ernten Sie den Honig

Durchschnittlich vier Wochen bleiben Bienen in einer Tracht stehen. Dann ziehen sie weiter zur nächsten. In der Regel werden die Völker noch am alten Wanderplatz abgeerntet. In anderen Fällen ist es sinnvoll, die honigschweren Bienen zurück an den Heimatstand zu transportieren und dort abzuernten.

In diesem Fall sind Honigfluchten empfehlenswert. Sie werden am Abend zwischen Honig- und Brutraum eingelegt. In den folgenden Stunden ziehen sich die Bienen in den Brutraum zurück und der Honigraum wird bienenleer. Am nächsten Morgen können Sie die annähernd bienenfreien Honigräume abnehmen und die Honigrahmen weiterverarbeiten.

Diese Methode funktioniert nicht, wenn Sie Brut über den Honigraum gehängt haben. Auch an vielen Wanderständen ist sie weder praktikabel noch empfehlenswert. Erstes bedeutet es einen erheblichen Aufwand, wegen der Bienenfluchten zum Wanderstand zu fahren und diese einzulegen. Außerdem stoppt die Bienenflucht den Luftaustausch zwischen Brut- und Honigraum. Das bedeutet, dass der unverdeckelte Teil der Honigraumwaben zusätzliches Wasser aus der kühlen und feuchten Nachtluft ziehen kann. Es kann vorkommen, dass das Refraktometer am Vorabend noch 17 % Wassergehalt angezeigt hat und am kommenden Morgen ist die Feuchtigkeit des edlen Bienenproduktes auf über 18 % emporgeklettert.

Ernten ohne Bienenfluchten

Daher empfiehlt es sich, die Völker ohne Bienenfluchten abzuernten. Dabei haben Sie verschiedene Möglichkeiten. Sie können klassisch mit dem Bienenbesen vorgehen und Wabe für Wabe abfegen. Fegen Sie die Bienen in einen Hobbock oder großen Eimer und kippen Sie die Tiere anschließend in einem Schwung in die Beute zurück.

> **Tipp**
>
> Hängen Sie die abgefegten Honigwaben in eine bienendichte Transportkiste oder – einfacher – in eine mit zwei Deckeln oben und unten bienendicht gemachten Zarge. Das ist deshalb sinnvoll, weil in der Regel nach dem Abblühen einer Tracht abgewandert wird. Die Bienen sind dann hungrig und stürzen sich wie im Herbst auf offenen Honig.

Gut zu wissen
Mit einem Beeblower können Sie die Waben unproblematisch von Bienen leeren.

Erwerbsimker, die große Völkerzahlen innerhalb kurzer Zeit abernten möchten, nutzen häufig einen sogenannten Beeblower, um die Waben bienenleer zu machen. Stellen Sie die Honigraumzarge hochkant auf der obersten Zarge des abzuerntenden Volkes oder besser auf dem Deckel der Nachbarbeute auf.

Die Waben müssen vertikal von oben nach unten verlaufen. Horizontale Waben klappen zusammen und quetschen jene Bienen, die sich in den Wabengassen befinden.

Fahren Sie dann mit der Düse des Beeblowers die Gassen entlang. Die Bienen werden aus den Zwischenräumen gepustet, fangen sich im Flug und fliegen sofort in das Muttervolk zurück.

Gelegentlich kommt es vor, dass sich während der Tracht schlanke Königinnen durch das Absperrgitter gezwängt und unbemerkt ein Brutnest im Honigraum angelegt haben. Einem aufmerksamen und erfahrenen Imker fällt beim Abnehmen des Deckels und der Absperrfolie auf, dass der Honigraum besonders voll ist – und zwar sowohl mit Bienen als auch mit Honig.

Wird dies nicht erkannt und der Beeblower kommt dann zum Einsatz, pustet er auch die Weisel aus dem Honigraum. Sie, die nie die Umgebung des Wanderstandes erkundet hat, geht auf diese Weise unwiederbringlich verloren.

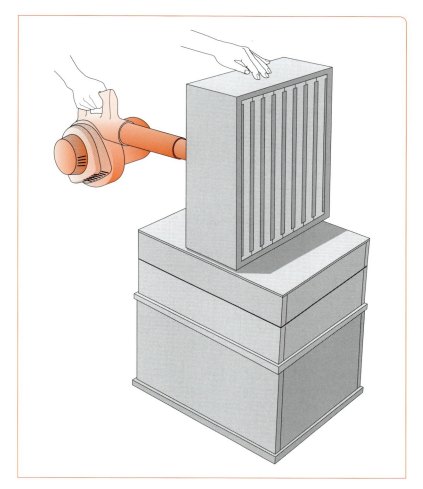

Beeblower sind leistungsfähige Laubbläser mit verkürztem Blasrohr. Die in Baumärkten für Hobbygärtner angebotenen und mit Strom betriebenen Bläser erweisen sich allerdings zu schwach für diese Aufgabe.

Transportieren Sie den Honig bienendicht ab
Wer mit einem Kastenwagen an seinen Wanderstand fahren kann, dem fällt es nicht schwer, die gerade entnommenen Honigwaben dauerhaft frei von Bienen zu halten. Er muss nur stets die Türen des Fahrzeuges geschlossen halten.

Wer hingegen die Honigräume auf der Ladefläche eines Anhängers oder der Pritsche eines LKWs abtransportiert, der muss Vorsorge gegen Räuberei treffen.

Am einfachsten werden dazu die Honigräume auf einen verschlossenen Beutenboden gestellt. Stehen Beutenböden nicht zur Verfügung, können die Zargen auch unmittelbar auf die Ladefläche gestellt werden. Dann empfiehlt es sich aber, auf die 1. Zarge eine Folie zu legen. Auf diese kommt dann eine weitere Honigzarge. Die Folie dient als

Sperre, sodass eindringende Bienen nicht durch den ganzen Zargenturm spazieren können.

Honigwaben am Wanderstand trocken zwischenlagern

Immer wieder kommen Imker in die Situation, dass sie den soeben abgeernteten Honig nicht abtransportieren können, weil sie zum Beispiel das zulässige Höchstgewicht ihres Fahrzeugs überschreiten oder einfach keinen Platz für die Honigräume haben. Sie entscheiden sich dann dafür, die Bienenvölker rasch in die nächste Tracht zu bringen und die Honigwaben zunächst am Wanderstand zurückzulassen. Wenn Sie Ihre Völker dann am neuen Platz aufgestellt haben, kommen Sie zurück und nehmen den Turm mit.

In diesem Fall sollten Sie zwischen jede der Zargen ein bis zwei Folien legen. Die doppelte Folie zwischen den Zargen ist sinnvoll, weil hungrige Bienen eine einfache Folie mit Leichtigkeit zerbeißen, um an die Vorräte jenseits der Kunststoffsperre zu kommen.

An feuchten Standorten oder bei drohenden Niederschlägen decken Sie den ganzen Zargenstapel zusätzlich mit einer Bauplane ab und verschnüren sie eng mit dem Turm.

Auf diese Weise verhindern Sie, dass der Honig Feuchtigkeit aus der Luft anzieht. Außerdem schützen Sie den wertvollen Honig davor, von Bienen geräubert zu werden. Durchaus möglich und besonders ärgerlich: Es sind nicht Ihre Bienen, die da räubern, sondern diejenigen der meist in der Nähe stehenden Imkerkollegen, die es mit dem Abwandern nicht ganz so eilig haben. Sie freuen sich über diese unerhoffte Nachtracht.

> **Tipp**
> Falls Sie Honigwaben lagern müssen, legen Sie Folie zwischen die Zargen und decken Sie sie mit Plane ab.

> **Gut zu wissen**
>
> Angesichts der geringen Anzahl von Berufsimkern und des kaum vorhandenen Konkurrenzdenkens unterstützen sich die Kollegen häufig gegenseitig. Sie geben zum Beispiel eingewanderten Imkern die Möglichkeit, ihre Waben während der Wanderung auszuschleudern. Die wieder leeren Honigwaben können dann gleich für die kommende Tracht genutzt werden. Der Wanderimker vermeidet lange Fahrten mit Honigräumen, braucht keinen zweiten Satz Honigräume mitzunehmen und erledigt die Schleuderarbeit quasi nebenbei. Nach der Wanderung kehrt er mit gefüllten Honigeimern zurück.

Weiter zur nächsten Tracht

Nachdem die Bienenvölker am Wanderplatz abgeerntet sind, herrscht zunächst noch große Aufregung. Nutzen Sie die Zeit, bis sich diese gelegt hat, um die Beuten zu verschnüren. Verschließen Sie nach Ende des Bienenflugs die Fluglöcher, laden Sie die Völker auf und steuern Sie den nächsten Wanderplatz an.

Mitunter kommt es aber vor, dass Sie nicht bis zur Einstellung des Bienenfluges warten möchten. Zu diesem Zeitpunkt sind noch Tausende von Bienen unterwegs. Diese wären hoffnungslos verloren, wenn Sie nun mit allen Bienenvölker abwandern würden. Nutzen Sie eine dieser Möglichkeiten, um die umherfliegenden Bienen zu retten.

So geht keine Biene verloren
- Lassen Sie ein Volk am Stand zurück. Häufig fällt Ihnen beim Abernten der Wandervölker auf, dass sich nicht alle Bienenvölker gleichmäßig entwickelt haben. Nehmen Sie das schwächste oder ein **abgeschwärmtes Volk** nicht mit auf die nächste Wanderung sondern stellen Sie es in der Mitte des alten Wanderstands auf. Diesem Volk werden nun alle heimatlos gewordenen Bienen zufliegen.
- Weil die Abwanderung am hellen Tage meistens geplant stattfindet, können Sie entsprechende Vorbereitungen treffen und zum Beispiel einen **Ableger** zum Wanderstand mitbringen.
- Alternativ können Sie bereits während der Honigernte einen **Zusetzkäfig** mit einer langen Schnur an einem Ast befestigen. Es ist wichtig, dass der Käfig frei hängt. In diesem Käfig befindet sich eine begattete Weisel. Nach dem Aufladen der Bienen warten Sie 60 bis 90 Minuten. Ruhen Sie sich von dem Stress der Honigernte aus. Wenn Sie merken, dass alle heimkehrenden und herumirrenden Bienen sich zu einer Kunstschwarmtraube an dem Zusetzkäfig aufgehängt haben, schneiden Sie die Schur ab und schlagen Sie den Kunstschwarm in einer Schwarmkiste oder einer leeren Beuten ein. Der Schwarm sollte etwa 1,5 bis 2 Kilogramm auf die Wage bringen.

Den Kunstschwarm transportieren Sie an Ihren Ableger- oder Heimatstand. Befreien Sie die Königin. Geben Sie Leerwaben oder Mittelwände hinzu. Füttern Sie den Schwarm tüchtig und Sie werden bis zum Ende der Saison ein überwinterungsfähiges Volk erhalten.

Hinterlassen Sie den Wanderplatz ordentlich
Bevor Sie den Wanderplatz aufgeben, begehen Sie ihn noch einmal gründlich. Prüfen Sie, ob Sie wirklich alles mitgenommen haben.
- Ist die Bienentränke weggeräumt?
- Sind alle Paletten oder andere Unterlagen auf dem Anhänger oder im Fahrzeug?
- Liegt noch Werkzeug (zum Beispiel der Stockmeißel) im Gras?
- Ist der Smoker gelöscht und verpackt?

Ganz besonders sollten Sie darauf achten, dass keine Wachs- und Wabenreste im Gras herumliegen. Ausgeschnittene Drohnenbrut ist unappetitlich. Abgesehen davon wird sie als Quelle für Bienenerkrankungen betrachtet. Dass Bienenvölker von Amts wegen als seuchenfrei erklärt wurden, ist keine Ausrede.

Hinterlassen Sie den Wanderplatz so wie Sie ihn im kommenden Jahr antreffen möchten. Häufig kontrollieren die Eigentümer oder Pächter der Wanderplätze den Stand nach Ihrem Abwandern. Der Eindruck, den sie dort gewinnen, ist ausschlaggebend für die Entscheidung, ob Sie im kommenden Jahr erneut anwandern dürfen!

Mögliche Störungen der Wanderung

Bei einer guter Planung und einem durchdachten Zeitmanagement ist die Wanderung mit Bienen eine zwar anstrengende, aber erfüllende Aufgabe. Leider gibt es auch Zwischenfälle, welche die Freude an dieser intensiven Beschäftigung mit den Bienen beeinträchtigen können. In diesem Kapitel lernen Sie die häufigsten davon kennen und wie Sie darauf so reagieren, dass der Schaden möglichst gering bleibt.

Bienenvölker wurden gestohlen

Immer nach Wintern mit hohen Bienenverlusten werden vermehrt Bienenvölker gestohlen, zuletzt in den Frühjahren 2010 und 2012. Besonders häufig werden die Bienen von Wanderständen entwendet, denn diese liegen oft abgeschieden und unbeobachtet in der freien Natur.

Als Mitglied einer der großen Imkerorganisationen (Deutscher Imkerbund, Deutscher Erwerbs- und Berufsimkerbund) sind Sie dagegen versichert. Der Zugriff der Langfinger ist ein Ärgernis und ein Unglück, doch Sie stehen nicht ruiniert da. Um die rund 150 € pro abhanden gekommenem Bienenstock zu erhalten, müssen Sie den Diebstahl der Imker-Globalversicherung korrekt melden.

Alle anderen Imker gehen in der Regel leer aus, weil sie nicht versichert sind. Nur Bienen, die auf dem eigenen Grundstück am Haus stehen, sind möglicherweise zusammen mit dem anderen Hausrat versichert.

> **Gut zu wissen**
>
> Bienen werden praktisch nur von anderen Imkern gestohlen. Da die meisten Hobbyimker sind, füllt der kriminelle Teil der Branche seinen Bestand mit wenigen geklauten Bienenvölkern auf. Es kommt selten vor, dass mehr als zehn Beuten gestohlen werden.

Diebstahlmeldung machen

Gehen Sie folgendermaßen vor: Angenommen, Sie kommen an Ihren Wanderstand und stellen fest, dass Bienenvölker fehlen, informieren Sie umgehend die Polizei. Beschreiben Sie den Beamten, was passiert ist und wie sie zum Bienenstand gelangen. Sagen Sie ihnen noch am Telefon, ob sie einen Stichschutz brauchen oder wie sie sich den verbliebenen Bienenvölkern gefahrlos nähern können.

> **Tipp**
> Melden Sie einen Diebstahl immer bei der Polizei.

Rühren Sie am Wanderstand nichts an, sondern überlassen Sie den Beamten die Sicherung möglicher Spuren. Aber erwarten Sie nicht zu viel. Meistens fragen die Ordnungshüter nach Aufnahme der wichtigsten Daten, ob der Bestohlene versichert ist. Wenn Sie die Frage wahrheitsgemäß bejahen, werden Sie erstaunt erleben, wie der strafverfolgerische Elan jäh erlahmt.

Gut zu wissen

Nachdem alle Daten zum Diebstahl erhoben sind, händigen Ihnen die Beamten ein Protokoll mit einer Schadensnummer aus. Diese Nummer sowie der Name der zuständigen Polizeidienststelle sind wichtig, weil darunter Ihr Fall weiter bearbeitet wird.

Melden Sie den Schaden unverzüglich an den Vorsitzenden Ihres Heimat-Imkervereins und an den Vorsitzenden des Imkervereins, in dessen Vereinsgebiet Sie eingewandert sind. Letzterer hat die Aufgabe, den Ort des Schadens innerhalb von drei Tagen zu besichtigen und zu bestätigen, dass an dem Ort Bienen standen. Er füllt mit Ihnen ein Protokoll für die Inanspruchnahme der Imker-Globalversicherung aus. Dieses wird im Anschluss von Ihnen beiden unterzeichnet und an Ihren Imkerlandesverband weitergeleitet. Dieser ist Vertragspartner der Imker-Globalversicherung.

Dann heißt es erst einmal zu warten, denn die polizeilichen Ermittlungen beginnen nun zu laufen. Einige Tage nach dem Vorfall wird sich die Kriminalpolizei bei Ihnen melden und Sie über den Stand der Ermittlungen unterrichten. Außerdem werden Sie um Mithilfe gebeten. Gut, wenn Sie Fotos von den gestohlenen Beuten haben, die Sie den Beamten nun überlassen können.

Tipp

Lassen Sie kriminelle, fremde Imker nicht mit Ihren Bienen glücklich werden. Unabhängig von der Regulierung von der Versicherung sollten Sie die imkerliche Presse über den Vorfall informieren (siehe Serviceteil Seite 99). Schicken Sie den Redakteuren eine kurze Erklärung, wann und wo Ihre Bienen gestohlen wurden. Beschreiben Sie Ihre Beuten. Senden Sie unbedingt einige aussagekräftige Fotos Ihrer Beuten mit und fordern Sie die Leser der Blätter auf, der zuständigen Polizeidienststelle sachdienliche Hinweise zu geben.

In der Regel kommen die Strafverfolger dem Täter zunächst nicht auf die Spur. Daher werden Sie rund vier Wochen nach dem Diebstahl ein

Schreiben von der Polizei erhalten, in dem Ihnen mitgeteilt wird, dass kein Täter ermittelt werden konnte.

Die Folge davon ist, dass die Ermittlungen vorerst eingestellt werden. Sie können aber wieder aufgenommen werden, falls neue Erkenntnisse auftreten. Dann holen die Beamten Ihre Akte wieder aus dem Archiv und Sie bekommen möglicherweise doch noch Ihre Bienen oder das, was von ihnen übrig geblieben ist, zurück.

Teilen Sie die Einstellung der Ermittlungen der Versicherung mit. Anschließend erhalten Sie einen Betrag überwiesen, mit dem der Verlust der Beute mit etwa 60 €, des Volkes mit etwa 60 € und ein Teil des gestohlenen Honigs mit rund 40 € abgedeckt ist.

> **Gut zu wissen**
> Wenn Sie versichert sind, bekommen Sie zumindest den finanziellen Schaden ersetzt.

Frevler waren am Werk

Immer kommt es wieder vor, dass Zeitgenossen, die den Bienen nicht wohlgesonnen sind, diese und damit Sie als Imker schädigen. Typische Frevelschäden am Wanderplatz sind beispielsweise
- verriegelte Fluglöcher,
- umgeworfene Beuten,
- Vergiftungen.

Beim Verriegeln der Fluglöcher gelangen die Bienen nicht mehr ins Freie. Wenn Sie keine Ritze als Notausgang finden, verenden sie kläglich. Das ist ein Grund, warum Kläppchen an Wanderbeuten nachteilig sind. Sie sollten daher keine Böden mit Fluglochklappe mit auf die Wanderung nehmen.

Umgeworfene Beuten können die Tat übermütiger Kinder sein. Teilweise werfen auch Wildtiere, die sich das Fell an den scharfen Kanten von Bienenbeuten schrubben, die Kästen um. Umgeworfene Bienenvölker können mit ihrer Schieflage mehrere Tage zurechtkommen und sogar Regentage überstehen. Lassen sich die Beuten und Völker noch retten, dann sollten Sie den Stand wieder in Ordnung bringen und die Sache auf sich beruhen lassen. In allen anderen Fällen empfiehlt es sich, die Sache der Versicherung zu melden. Das Procedere dafür entspricht dem der Diebstahlfälle.

Die Bienen zeigen Vergiftungserscheinungen

Ein Sonderfall des Frevels sind Bienenvergiftungen. Dies erkennen Sie daran, dass die Bienenvölker geschwächt sind und ungewöhnlich viele tote Tiere vor den Fluglöchern liegen. Möglicherweise taumeln einige Bienen scheinbar orientierungslos vor den Fluglöchern herum.

Die Ursachen können vielfältig sein. Falls die Bienen zur Bestäubung von Kulturpflanzen eingesetzt wurden, liegt der Verdacht nahe, dass die Bienen durch einen Spritzschaden, also durch unsachgemäße Pflanzenschutzmaßnahmen zu Schaden kamen. Doch das muss nicht zwingend der Fall sein.

Leider gibt es Zeitgenossen, die in tierquälerischer Absicht oder, um dem Imker zu schaden, mit Wespenschaum oder anderen Insektiziden an den fremden Bienenvölkern hantierten.

Oft lassen schon die Umstände erkennen, welche Art von Schaden der Imker erlitten hat. Liegt der Wanderbienenstand an einem intensiv und konventionell bewirtschafteten Feld, spricht das eher für einen Schaden durch Pflanzenschutzmittel. Als Verursacher kommt dann ein Landwirt in Frage. Liegt der Bienenstand im Wald oder zwischen Wiesen in der freien Natur und sind zudem vor allem die Völker am Rand des Wanderstandes betroffen, spricht das eher für einen Frevelschaden. Genaueres kann aber erst gesagt werden, wenn im Labor untersucht worden ist, woran die Bienen gestorben sind. Daher ist es enorm wichtig, den Schaden so schnell wie möglich zu melden und die notwendigen Spuren zu sichern. Sind die Bienen schon halb verrottet und liegt die Pflanzenspritzung bereits mehrere Tage zurück, wird es schwer, einen direkten Zusammenhang zwischen der Maßnahme und den toten Bienen zu ziehen.

So melden Sie den Schaden korrekt

Benachrichtigen Sie zunächst die Polizei und den für Bienengesundheit zuständigen Verwaltungsbeamten. Das ist in der Regel der zuständige Amtsveterinär in der Kreisverwaltung. Gut ist es, wenn Sie ihm vorher bereits ordnungsgemäß die Wanderung angezeigt haben. Bitten Sie den Veterinär, den ebenfalls zuständigen Beamten des Landwirtschaftsamtes mitzubringen. Damit haben Sie die drei wichtigen Behörden am Schadensort: Wegen der strafbaren Handlung die Polizei, für den Bienenschaden den Veterinär und für den Pflanzenschutz das Landwirtschaftsamt.

> **Gut zu wissen**
>
> Bienen- und Pflanzenproben dürfen Sie ohne die im Text genannten Behördenvertreter nehmen. Das JKI (Julius-Kühn-Institut, http://www.jki.bund.de) untersucht auch solche. Fehlen die Beamten allerdings, wird es schwieriger, einen beweisbaren Zusammenhang zwischen den vergifteten Bienen und Pflanzenschutzmaßnahmen herzustellen.

Probennahme

Nehmen Sie dann selbst die Proben unter amtlicher Aufsicht oder assistieren Sie den Behördenvertretern bei der Probenentnahme. Arbeiten Sie dabei unbedingt mit Einmalhandschuhen.

- Achten Sie bei den Probennahme darauf, dass keine Erde, kein Gras oder andere Verunreinigungen mit in der Bienenprobe landen. Die Bienen dürfen zu diesem Zeitpunkt nicht bereits zersetzt oder ver-

schimmelt sein. Je weniger lange der Todeszeitpunkt zurück liegt, desto besser. Die Bienenprobe muss etwa 1000 tote Bienen umfassen. Das sind rund 100 Gramm.
- Wechseln Sie die Handschuhe und nehmen Sie Pflanzenproben und zwar sowohl von den Blättern als auch den Blüten. Füllen Sie die Proben (getrennt!) in spezielle Probenbeutel (hat der Veterinär) oder Gefriertüten und beschriften Sie diese. Übergeben Sie die Beutel den Behördenvertretern mit dem Hinweis, diese sofort an das Julius-Kühn-Institut zu schicken (siehe Serviceteil Seite 99).
- Machen Sie sich Notizen, welche Kulturen in der Umgebung angebaut und von den Bienen beflogen werden. Nehmen Sie außerdem Fotos von den toten Bienen, den Beuten und vom Umfeld auf. Die Situation muss erkenn- und verstehbar sein.
- Sollte es nicht möglich sein, die Proben sofort zu verschicken, können diese bis zum Versand tiefgefroren werden. Füllen Sie das Formular der Untersuchungsstelle für Bienenvergiftungen beim Julius-Kühn-Institut aus. Geben Sie auf dessen Internetseite http://www.jki.bund.de „Bienenvergiftung" im Feld „Suchen" ein. Dort werden

Tipp
Einmalhandschuhe finden Sie im Verbandskasten Ihres Fahrzeugs. Denken Sie daran, diese später wieder zu ersetzen.

Checkliste

Sind meine Bienen vergiftet?
Tote Bienen schockieren jeden Imker. Oft liegt der Verdacht einer Vergiftung nahe. Doch Bienenkadaver vor den Fluglöchern können auch andere Ursachen haben. Besonders die Drohnenschlacht im August, eindringende Mäuse oder auch Erkrankungen können Bienen den Garaus gemacht haben. Prüfen Sie diesen Kriterienkatalog und Sie können sich ein Urteil bilden:
- Die Bienen sind tot und haben den Rüssel herausgestreckt.
- Noch lebende Bienen zittern und laufen orientierungslos umher.
- Spätfolgen: Die Deckel der Brutzellen sind dunkler als sonst und streifig.
- Sie sind nicht gleichmäßig gefärbt.
- Die Bienen räumen Brut aus.
- Die ausgeräumte Brut streckt die Zunge heraus.
- Die ausgeräumte Brut ist missgebildet.
- Das Brutnest ist lückenhaft.
- Insgesamt ähnelt das Schadensbild eines an Varroa eingegangenen Volkes im Spätherbst.
- In Schwarmzellen sind die sich entwickelnden Weiseln abgestorben.

Auswertung: Sollten Sie auch nur zwei oder drei dieser Merkmale feststellen und natürliche Ursachen ausschließen können, dann sollten Sie den Schaden melden. Die Untersuchung ist für Sie kostenlos. Sie müssen nur die Zeit investieren.

Sie zu den genauen Umständen der Bienenvergiftung und zu den Behördenvertretern befragt. Füllen Sie das Formular auch dann aus, wenn Sie nur zu einem kleinen Teil Auskunft geben können.
- Bestätigt sich der Verdacht einer Vergiftung, erhalten Sie die Ergebnisse der amtlichen Untersuchung. Unabhängig davon, ob es sich um einen Frevel oder einen Schaden durch Pflanzenschutzmittel handelt, sollten Sie nun den Schaden Ihrer Versicherung melden.

Standimker bereiten Ärger

Immer wieder beklagen sich Standimker über einwandernde „Großimker", die mit „hochgezüchteten Turbobienen" ihren Immen die „ganze Tracht wegnehmen". In einzelnen Fällen laufen diese Imker Sturm beim Amtstierarzt sowie beim Grundstückseigentümer. Sie setzen alle Hebel in Bewegung, um die vermeintlichen Nahrungskonkurrenten loszuwerden.

Gut, wenn Sie sich in einer solchen Situation mit dem lokalen Wanderwart abgestimmt haben. Andererseits empfiehlt es sich, gut informiert aufzutreten. Ein *Phacelia*-Feld hat beispielsweise einen Trachtwert von 500 kg Honig/ha. Daraus lässt sich schließen, dass ein 5-ha-Feld mit 100 Bienenvölkern keinesfalls überbesetzt ist.

Bei Landwirten und Amtsveterinären haben Sie es mit Profis zu tun. Daher sollten Sie als Wanderimker ihnen ebenfalls professionell und damit auf Augenhöhe begegnen. So haben Sie einen argumentativen Vorteil den Hobby-Standimkern gegenüber und können Ihre Interessen gut vertreten. Ansonsten empfiehlt es sich, auf Zeit zu spielen und eventuell im kommenden Jahr nach einer Lösung zu suchen, die dem lokalen Standimker seinen Frieden lässt.

Der Honig ist zu nass

Grundsätzlich sollte nur reifer Honig geerntet werden. Leider haben viele Wanderimker einen engen Terminplan. Das hat Folgen.
- Die nächste Tracht wartet nicht, bis die Bienen den Honig getrocknet haben. Der Honig muss runter und die Bienenvölker müssen für die nächste Tracht vorbereitet werden!
- Der geerntete Honig kann nicht sofort, womöglich noch bienenwarm, geschleudert werden. Dieser Arbeitsschritt ist erst möglich, wenn die Bienenvölker sicher in die nächste Tracht transportiert wurden.

Nun kursieren in der Fachliteratur und in der Imkerschaft zahlreiche Tipps, wie Imker erkennen können, ob der zu erntende Honig schon die magische Grenze von höchstens 18 % Wasser unterschritten hat. Im Zweifel hilft der Blick durch ein geeichtes Refraktometer.

Doch selbst wenn am Bienenstand noch alles im grünen Bereich war, kann eine nassere Qualität aus der Schleuder laufen. Daher ist es wichtig, dass die lagernden Waben bis zur Schleuderung auf keinen Fall zusätzliches Wasser ziehen.

Es empfiehlt sich, die Zargen in einem gut gegen eindringende Feuchtigkeit isolierten Raum aufzustellen. Dabei hat es sich bewährt, sie kreuzweise übereinander zu stapeln. Stellen Sie die unterste Zarge auf eine Palette oder einige mindestens 20 mm hohe Leistchen, damit die trockene Luft in den Zargen zirkulieren kann. Dafür sorgen einer oder mehrere kräftige Bautrockner. So nimmt der Honig kein zusätzliches Wasser aus der Luft an.

Die Methode ist nicht ganz unumstritten. Kritische Imkerkollegen fragen:

- **Ist gezielter Wasserentzug nötig?** Die Antwort: Laut Lebensmittelhygieneverordnung dürfen Lebensmittel nicht der Gefahr einer nachteiligen Beeinflussung beispielsweise durch Witterungseinflüsse ausgesetzt werden. Eine Erhöhung des Wassergehalts im Honig durch Luftfeuchtigkeit ist eine negative Beeinflussung.
- **Ist zusätzlicher Wasserentzug erlaubt?** Die Antwort: Laut Honigverordnung (HonigV) dürfen dem Honig keine honigeigenen Stoffe entzogen werden. Anlage 1 und 2 der HonigV zählen die Bestandteile des Honigs auf. Wasser wird nicht erwähnt. Daher wird dem Honig durch Trockung kein honigeigener Stoff entzogen und es ist legitim, darüber nachzudenken, ob vollendet werden sollte, was die Bienen während der Tracht nicht geschafft haben. Hersteller von Imkergeräten bieten dafür Plattentrockner an, die mit trockener Luft dem Honig Wasser entziehen und so seine Qualität verbessern.

Bienen überwintern schlecht

Immer wieder stellen Wanderimker fest, dass die Bienenvölker, die sie aus den Spättrachten zurückbringen, schlecht überwintern. Als Ursache kommen nicht entnommene Waben mit Heide- oder Waldhonig in Frage. Auf diesen überwintern die heute in unseren Breiten lebenden Bienen schlecht. Sie brauchen ein möglichst von Ballaststoffen befreites Winterfutter. Falls Sie also solche Trachten angewandert haben, empfiehlt es sich, alle mit Honig gefüllten und brutfreien Waben aus dem Brutraum zu entnehmen.

Jedoch stehen auch Imker, die nicht in der Heide oder im Wald waren und beispielsweise noch Reste des viel leichter verdaulichen Honigs der kanadischen Goldrute oder des drüsigen Springkrautes in den Waben belassen haben, im kommenden Frühjahr ratlos vor Beuten, die sich in Bienensärge verwandelt haben.

Dann hat meist die Varroa-Milbe zugeschlagen. Da während der Trachtperiode nicht behandelt werden darf, dauert es länger, bis die Bienen zum ersten Mal gegen die Milbe behandelt werden. Oft sind sie dann schon irreversibel geschädigt. Außerdem brüten Wandervölker länger als Standvölker. Es können also weitere Milbengenerationen

> **Gut zu wissen**
> Auf Waben mit Heide- und Waldhonig überwintern unsere Bienen oft schlecht.

heranwachsen. Das ist die Kehrseite der guten Nektar- und Pollenversorgung während der Wanderung. Sollten Sie betroffen sein, stehen Ihnen die folgenden beiden Möglichkeiten als Lösung zur Verfügung.

- Sie schieben vor den späten Wanderungen eine Windel ein und prüfen den natürlichen Milbenbefall. Alternativ können Sie auch Bienen waschen oder mit der Puderzuckermethode den Milbenbefallsgrad Ihrer Bienen klären. Fallen mehr als fünf Milben täglich, behandeln Sie die Bienen gegen die Schädlinge und nehmen die betreffenden Völker aus der Produktion.
- Sie nehmen die hohe Belastung mit Milben in Kauf. Da die Königinnen während der späten Tracht noch einmal kräftig in Brut gehen und stark bleiben, hält sich der Milbenschaden zunächst noch in Grenzen. Diese Völker brechen im Unterschied zu Standvölkern noch nicht im Spätsommer zusammen. Unmittelbar nach der Ernte müssen die Bienen jedoch behandelt werden. Solchermaßen milbenfrei, aber geschädigt, überleben die Einheiten am besten, indem Sie diese mit gesunden und natürlich behandelten Ablegern vereinigen.

Milben zählen mit Puderzucker

- Schütteln Sie eine Brutwabe (ohne Königin) in einen Eimer ab. Mit einer kleinen Tasse und einer Waage messen Sie 50 g Bienen ab. Kippen Sie die Bienen in einen verschließbaren Schüttelbecher, dessen Boden Sie durch ein Kunststoff-Varroagitter ersetzt haben. Geben Sie fünf leicht gehäufte Esslöffel mit trockenem Puderzucker dazu (vorher abmessen!), verschließen Sie die Oberseite des Bechers und drehen Sie ihn. Das Varroagitter ist jetzt oben.
- Schütteln Sie nun den Becher, sodass alle Bienen mit dem Puderzucker in Kontakt kommen. Lassen Sie den Becher drei Minuten stehen. Die Bienen wühlen sich durch den Zucker und verteilen ihn überall.
- Drehen Sie dann den Becher und schütteln Sie ihn kräftig über einem weißen Tuch, Küchenkrepp oder in einen weißen Honigeimer, bis sich kein loser Puderzucker mehr in der Schütteldose befindet. Auf der weißen Unterlage heben sich die abgeschüttelten Milben gut ab.
- Sollten Sie in der Probe mehr als 25 Milben finden, empfiehlt es sich, das betreffende Bienenvolk zu behandeln und für die laufende Saison von der Wanderung auszunehmen.
- Völker, bei denen Sie fünf oder noch weniger Milben in der Probe finden, können Sie bedenkenlos auf Reisen schicken.
- Bei Völkern, die dazwischen liegen, kommt es auf Ihr Ermessen und Ihre Erfahrung an. Bei ihnen sollten Sie den natürlichen Milbenfall in den kommenden Wochen im Blick behalten.
- Die Bienen aus der Schütteldose können Sie im Übrigen bedenkenlos wieder dem Volk zugeben, aus dem Sie die Tiere entnommen haben.

Zu guter Letzt

Die 10 Gebote des Wanderns mit Bienen

Eine Wanderung kann auch durch Ereignisse gestört werden, die in der Verantwortung des Imkers liegen. So kann der Veterinär anordnen, dass die Bienen umgesetzt werden oder die Anwohner gehen auf die Barrikaden. Für eine gut gelungene Wanderung ist die Vorbereitung das wichtigste Erfolgskriterium. Sie können durch Ihr Handeln viele Störungen vermeiden. Wenn Sie dieses Buch aufmerksam gelesen haben und die Hinweise darin umsetzen, haben Sie das Ihrige getan. Hier sind die wichtigsten Punkte noch einmal zusammengefasst. Wenn Sie diese beachten, bleibt Ihnen viel Verdruss erspart.

1. Ihre Wandervölker müssen nachweislich gesund sein. Wer mit kranken Bienen wandert – auch wenn er davon nichts weiß – macht sich strafbar.
2. Nehmen Sie nur starke Völker auf eine Wanderung und wandern Sie nur in eine sogenannte Entwicklungstracht, wenn Ihre Bienen am Heimatstand unterversorgt wären.
3. Lassen Sie den Bienen einen ausreichenden Futtervorrat, denn Sie wissen nie, ob das Wetter umschlägt und die Bienen vom vorhandenen Futter zehren müssen.
4. Wandern Sie nur mit Beuten, die für eine Wanderung geeignet sind. Das sind Bienenwohnungen, die praktisch, bienendicht, gut belüftet, stabil und möglichst leicht sind. Die Waben müssen fest sitzen.
5. Verschnüren Sie Ihre Beuten gut und verzurren Sie diese während des Transports, dass sie sich auch bei einem plötzlichen Bremsmanöver nicht selbstständig machen. Die Beuten dürfen während des Transports nicht schaukeln oder schwanken.
6. Prüfen Sie vor der Abfahrt am besten anhand einer Checkliste, ob Sie alles für die Wanderung Nötige eingepackt haben.
7. Stellen Sie Ihre Beuten am Wanderziel nicht direkt auf den Erdboden, sondern auf eine Unterlage. Vergessen Sie die Tränke nicht!
8. Arbeiten Sie rückenschonend.
9. Sichern Sie Ihre Beuten gegen Diebstahl.
10. Öffnen Sie Ihre Fluglöcher erst, wenn alle am Wanderstand beschäftigten Imkerfreunde soweit fertig sind, dass sie die Fluglöcher ebenfalls öffnen können.

Trachtpflanzen und wie Sie diese nutzen

Für jeden Wanderimker ist es enorm wichtig, über die Blühzeiten aller relevanten Trachtpflanzen sowie über die jeweiligen Besonderheiten der Tracht informiert zu sein. Bei allen Unterschieden ist allen Trachtpflanzen gemeinsam, dass sie nur honigen, wenn die Witterung günstig ist. Regenwetter, starker Wind und Temperaturen unter 13 °C werfen die Stirn des Imkers in Sorgenfalten, mag es auch noch so schön blühen. Die Bienen bleiben dann lieber zu Hause.

Schwülwarmes Wetter, höchstens ein leichtes Lüftchen, windstilles und ein nur mit wenigen Wölkchen betupfter Himmel bringen ihn hingegen, in Erwartung voller Honigräume, zum Strahlen. Die Kombination aus gutem Bienenwetter und den folgenden, nach dem Blühtermin sortierten Trachtpflanzen bringen den gewünschten Erfolg einer Wanderung.

Löwenzahn

Löwenzahn gedeiht besonders auf nährstoffreichen Wiesen, die mit Jauche gedüngt werden. An sonnigen Tagen blühen die Korbblütler zwischen 8 und 9 Uhr auf und werden dann von den Bienen beflogen.

Wann lohnt es sich, welche Tracht anzuwandern?

Trachtkalender

Tracht/Monat	April	Mai	Juni	Juli	Aug.	Sept.	Okt.
Ahorn	■						
Stein-/Kernobst	■	■					
Löwenzahn	■						
Rosskastanie		■					
Raps		■					
Kornblume		■	■				
Robinie		■	■				
Himbeere			■				
Klee			■	■	■	■	■
Götterbaum			■				
Edelkastanie			■				
Linde			■				
Spargel			■				
Wald			■	■	■		
Phacelia			■	■	■		
Sonnenblume				■	■		
Buchweizen				■	■		
Goldrute				■	■	■	■
Strandaster					■	■	
Besenheide					■		

Um 10 Uhr schließen sich die Blüten schon wieder. Nur bei bedecktem Wetter verschieben sich die Zeiten.

Untersuchungen haben gezeigt, dass der Zuckergehalt des Nektars mit 51 % vergleichsweise hoch ist. Er enthält in gleichem Maße Fructose (38,6 %) und Glukose (38,7 %). Fliegen Bienen in den Löwenzahn, bepudern sie sich über und über mit dem gelb-orangen Pollen. Dieser Pollen wird für allem für die Brut verwendet, sodass sich eine Wanderung in die Löwenzahntracht nicht nur wegen des kräftigen, mitunter etwas kratzig schmeckenden Honigs lohnt.

Löwenzahnhonige werden vor allem in Süddeutschland und Österreich geerntet. In diesen Regionen ist er oft zusammen mit dem Waldhonig die einzige sortenreine Tracht. Löwenzahnhonig kristallisiert sehr schnell und muss umgehend gerührt werden. Wie bei vielen Frühjahrshonigen ist es wichtig, den Wassergehalt des Honigs im Blick zu behalten.

Ahorn

Vor allem in Städten wird Ahorn als schnell wachsender Alleen- und Parkbaum wegen seiner schönen Blattfärbung im Herbst angepflanzt. Für Bienen sind besonders der Bergahorn und der Spitzahorn interessant. Sie blühen, bevor die Blätter austreiben und liefern den Bienen eine erste Massentracht, denn der Nektar ist mit 30 % bis 50 % Zuckergehalt sehr nahrhaft. Ahornnektar enthält zu fast gleichen Teilen Saccharose, Fruktose und Glukose.

Ahornwälder gibt es in Deutschland nicht, trotzdem kann dieser Honig vereinzelt als Sortenhonig geerntet werden und zwar überall dort, wo es keine gleichzeitig blühenden Wiesen mit Löwenzahn gibt. Das sind die Berglagen Oberbayerns.

Da mit dem Ahorn das große Blühen in den Städten beginnt, produzieren stark ausgewinterte Völker Frühjahrshonige mit einem hohen Ahornanteil. Dann ist in der Nähe der Bienenvölker ein markanter aber angenehmer Duft wahrzunehmen. Ahornhonig ist hellgelb, geschmacklich sehr mild und kristallisiert fein.

Stein-/Kernobst

Im April und Mai werden jedes Jahr Imker gesucht, die mit ihren Bienen die großen Obstanbaugebiete anwandern. Vor allem Kernobst wie Apfel- und Birnbäume und das Steinobst wie Kirschen und Pflaumen warten dort auf die Bestäubung durch fleißige Insekten. Für einen guten Fruchtansatz ist die Arbeit der Bienen im Erwerbsobstbau unverzichtbar.

Der Nektar sitzt auf dem Boden der Blüten. Kirschen haben daneben noch auf ihren Blättern Nektarien. Alle Obstbäume sind gute Nektar- und Pollenspender, wobei es Unterschiede zwischen den einzelnen Züchtungen gibt, die dann von den Bienen – wie einzelne Birnenarten – gar nicht beflogen werden. Die Zuckerkonzentration des Nektars liegt in unseren Regionen bei 14 bis 21 %. Der Pollen ist wertvoll.

Frühjahrshonige enthalten immer einen mehr oder weniger großen Obstblütenanteil. Sortenhonige lassen sich nur in Plantagen ernten. Da zur Blütezeit des Obstes jedoch oft zwischen den Bäumen auch der Löwenzahn und jenseits der Plantageneinfriedung der Raps lockt, sind sogar dort Sortenhonige zum Leidwesen von vielen Imkern nur selten zu ernten. Bekannte Obstanbaugebiete sind:
- das Alte Land an der Elbe,
- das Bodenseegebiet.

Obstplantagen finden sich auch
- in Bandenburg südlich (Werder) und östlich von Berlin (Müllrose),
- in Sachsen-Anhalt entlang des Südharzes in östlicher Richtung bis zur Stadt Halle,
- in der Rheinebene besonders im Ortenaukreis,
- in Hessen im Rhein-Main-Gebiet sowie im Werra-Meißner-Kreis.

> **Tipp**
>
> Im Unterschied zu allen anderen Wanderungen, die vor allem wegen des Honigs erfolgen, fahren viele Imker im April und Mai in Obstplantagen wegen der Bestäubungsprämie. In einer Zeit im Jahr, in der es ein Überangebot an Nektar und Pollen gibt, würde sich allein wegen des Honigs die Wanderung nämlich nicht lohnen. So aber „versüßen" je nach Verhandlungsgeschick zwischen 15 und 45 € pro Volk Prämie die Wanderung. Für Erwerbsorientierte Imker mit mehreren Dutzend Völkern kommen hier mitunter innerhalb von vier Wochen Wanderzeit ansehnliche Summen zusammen.

Raps
Die im Mai auf dem Land leuchtend gelb blühenden Rapsfelder sind unverzichtbare Nektar- und Pollenspender. Die Pflanzen werden schon im August des Vorjahres ausgesät und überwintern auf den Feldern.

Sorgen bereitet den Landwirten der Rapsglanzkäfer, der die Blüten auffrisst und somit auch die Samenanlagen für die heiß begehrten Ölfrüchte. Wird in dieser Situation mit bienenunverträglichen Mitteln oder zu einem ungeeigneten Zeitpunkt gespritzt, kommt es bedauerlicherweise immer wieder zu Bienenschäden. Die betroffenen Imker haben dann Anspruch auf eine Entschädigung, allerdings nur, wenn Sie dabei das vorgeschriebene Procedere einhalten (siehe Seite 82).

Bienen verändern während der Rapsblüte ihren Charakter und werden deutlich angriffslustiger. „Raps macht den Stachel spitz", lautet eine alte Imkerweisheit. Daher sollten Sie Ihren Wanderstand nicht in unmittelbarer Nähe von Wander- oder Reitwegen errichten und die vorgeschriebenen Warntafeln nicht vergessen. Außerdem empfiehlt es sich, schon vor dem Wanderstand die Schutzbekleidung anzulegen.

Der Zuckergehalt des Rapsnektars schwankt je nach Witterung und Bodenbeschaffenheit, liegt aber im Mittel bei 44 bis 59 %. Pro Hektar Raps werden während einer Saison bis zu 200 kg Zucker produziert, wobei Glukose mit 75 % vorherrscht. Dies ergibt einen rasch und sehr hart kristallisierenden Honig, der unbedingt nach der Ernte und vor dem Verkauf gerührt werden sollte.

Auch für die Pollenversorgung der im Mai und Juni schnell wachsenden Bienenvölker ist der Raps eine wertvolle Tracht. Imker, die an der Gewinnung von Pollen interessiert sind, können während der Rapsblüte Pollenfallen einsetzen.

In den küstennahen Bundesländern ist der Raps die Haupttracht der dort ansässigen Imker. In den vergangenen Jahrzehnten ist der Rapsanbau auch in das übrige Bundesgebiet vorgedrungen, sodass heute flächendeckend Rapshonig geerntet werden kann.

Direkt an den Rand von Rapsfeldern aufgestellte Bienenvölker tragen einen hochreinen Sortenhonig ein. Dieser hat einen sehr süßen Geschmack. Das Aroma reicht von flach bis leicht kohlig, was nicht immer als angenehm empfunden wird. Gibt es in der Nähe der Rapsfelder andere ergiebige Nektarquellen wie zum Beispiel Löwenzahn und Robinie, werden auch diese intensiv beflogen. In der Folge können Sie sehr angenehme und durch Rühren entstandene seidig-cremige Mischhonige ernten, die jeden reinen Rapshonig in den Schatten stellen.

> **Tipp**
> Raps wird heute bundesweit flächendeckend angebaut.

> **Gut zu wissen**
> Gelegentlich kann der Raps Opfer von Spätfrösten werden. Ein Teil der Blüten stirbt ab. Wenn Sie als Imker etwas Geduld haben und am Rapshonig interessiert sind, sollten Sie jetzt nicht abwandern, sondern warten, denn der Raps treibt dann neu aus. Die eigentlich schlanken Pflanzen nehmen dann ein buschiges Aussehen an und aus neuen Rapsblüten fließt weiter reichlich Nektar. Insgesamt ergibt dies eine Trachtdauer von acht bis neun Wochen und sehr hohe Ausbeuten an Rapshonig.

Rosskastanie

Wie der Ahorn ist auch die Rosskastanie ein Baum, der sich als Allee-, Park- und Biergartenbaum großer Beliebtheit erfreut. Vor allem eine weiß- und eine rotblühende Art sind zu finden. Beide Arten sondern in ihren Blüten einen mit 40 % bis 70 % stark konzentrierten Nektar ab. Experten schätzen den Honigwert auf rund 370 kg/ha.

Der Nektar enthält mit über 95 % außerordentlich viel Saccharose. Die Rosskastanie liefert daneben auch Kittharz und Pollen. Geübte Imkeraugen erkennen an der roten Einpuderung ihrer Bienen, dass sie gerade die Rosskastanie befliegen. Die Pollenhöschen sind dunkelrot bis violett.

Der Nektar enthält einen giftigen Stoff, das Saponin. In der Praxis spielt das kaum eine Rolle, denn er verkürzt die Lebensdauer von Bienen nur um wenige Tage. Außerdem tritt die Schädigung nur auf, wenn die Bienen ausschließlich Rosskastanien befliegen.

Sortenhonig von der Rosskastanie ist aus Großstädten bekannt, zum Beispiel aus Berlin, Hamburg und Schwerin. Frühjahrshonige mit einem hohen Anteil an Rosskastanien sind zähflüssig und bilden beim Abfüllen ins Glas Streifen, die sich dann wieder verlieren. Außerdem erhält der Honig einen leicht bitteren Geschmack.

Robinie

Die Robinie oder Scheinakazie ist ein von Biologen als Neophyt kritisch beäugter, aber bei Imkern hochgeschätzter Laubbaum, der aufgrund seiner wunderschönen und üppigen, traubenartigen Blütenpracht nicht nur Ästheten, sondern auch den Bienen gut gefällt. Robinien blüten sind für die Bienen gut zugänglich. (Siehe Foto 4 auf Tafel 5)

So gehört die Robinie zu den nektarreichen und mit 35 bis 60 % Zuckergehalt auch zu den nahrhaftesten Trachtpflanzen. Die Menge des gesammelten Honigs ist stark von Faktoren wie zum Beispiel der Lufttemperatur und den Niederschlägen abhängig. Außerdem währt sie nur rund 14 Tage. Fallen diese in eine Regenperiode, gibt es in dem Jahr keinen neuen Robinienhonig. Schwülwarme Witterung füllt hingegen die Honigräume der Wandervölker.

Robinienhonig läuft wasserklar und ölig aus der Schleuder. Wegen seines geringen Anteils an Traubenzucker bleibt er lange flüssig und kristallisiert dann grob und weiß. Bei bereits abgefülltem Honig setzen sich die Kristalle am Boden ab.

Robinien gedeihen am besten auf sandigen und mageren Böden. Gerne besiedeln sie auch Bahndämme. Sortenreiner Robinienhonig kann geerntet werden, wo es geschlossene Bestände gibt wie beispielsweise in Brandenburg, Mecklenburg-Vorpommern, im Saarland, am Oberrhein und am Untermain sowie an der Mosel. Über Sommerhonige mit dem charakteristischen blumigen Robinienaroma dürfen sich Imker in Großstädten wie Leipzig, Berlin, Stuttgart und Köln freuen. Die schnellwachsenden Robinien werden seit einigen Jahren auch als Rohstoff für Holzhackschnitzel auf Kurzumtriebsplantagen angebaut. Während der Blütezeit ist die Anwanderung einen Versuch wert.

Himbeere

Von imkerlicher Bedeutung sind vor allem Himbeeren, die auf Waldlichtungen, an Waldrändern sowie in den Staudenfluren von Auen und Gebirgen wachsen. Werden Mittelgebirgshänge durch Windwurf na-

> **Tipp**
> Robinien finden sich oft in Großstädten.

hezu entwaldet, dann dauert es meist nicht lange, bis sich die Waldhimbeere die Fläche als Pionierpflanze erobert. Pfiffige Imker sichern sich dort ihre Wanderplätze, denn Himbeeren sind in einer sonst eher bienenunfreundlichen Umgebung eine gern angeflogene Tracht.

Der Zuckergehalt des Nektars liegt zwischen 24 % und 42 %. Der Honigwert wird auf 117 bis 122 kg/ha geschätzt. Allerdings schwanken die Ergebnisse je nach Standort, Himbeerart und Alter der Blüte sehr stark. Durch Duftlenkung (siehe Seite 64) kann die Menge des geernteten Honigs gesteigert werden.

Sortenhonige können daher vor allem in Waldgebieten erzeugt werden. Ländliche Frühjahrs- und Sommerhonige enthalten regelmäßig Anteile von Himbeerhonig. In flüssigem Zustand ist Himbeerhonig hellgelb und kristallisiert fast weiß. Er ist mild im Geschmack und hat im Abgang eine fruchtige Note. Die Himbeere ist dann tatsächlich zu schmecken.

Kornblume

Die einjährige Kornblume kommt als Beikraut immer dann in Getreidefeldern vor, wenn diese nach den Prinzipien des ökologischen Landbaus bewirtschaftet werden oder nach Versäumnissen in der Unkrautbekämpfung.

Für die Bienen sind Kornblumen wegen des mit einem Zuckergehalt von 45 % nahrhaften Nektars und wegen des grauen Pollens interessant. Frisch geschleuderter Kornblumenhonig ist hellgelb und kristallisiert grünlich gelb. Er kristallisiert feinkörnig und hat einen leicht bitteren, etwas heuartigen Geschmack.

Imker, die auf Kornblumenhonig erpicht sind, sollten entweder Kontakt zu Biolandwirten aufnehmen oder nach der Rapstracht auf blauen Durchwuchs in Getreidefeldern achten. Die blaue Kornblume ist ein Sympathieträger und daher ist auch der Honig gut verkäuflich.

Tipp
Kornblumenhonig ist gut verkäuflich.

Linde

Linden sind stattliche Bäume, die besonders gerne an Straßen und auf Plätzen angepflanzt werden. Für den Imker sind besonders die Winterlinde und die Sommerlinde interessant. In den Morgen- und Abendstunden fließt der Nektar in den Trugdolden genannten Blüten. Ob und wie gut die Linde honigt, hängt von der Bodenfeuchtigkeit und der Temperatur ab. Nach einer Imkerweisheit brauchen Linden „nasse Füße", damit Bienen und Imker auf ihre Kosten kommen.

Die Gesamtzuckerproduktion einer durchschnittlichen Linde liegt bei 0,7 bis 1 kg/Jahr. Der aus dem Nektar der Linden bereitete Honig hat ein ausgeglichenes Zuckerspektrum (36 bis 51 % Fruchtzucker, 33 bis 46 % Traubenzucker, 1 bis 5 % Rohrzucker).

Parallel zum Nektar aus den Blüten können die Bienen häufig auch Honigtau von den Blättern der Linde sammeln. So nimmt der eigentlich grün-gelbe Lindenhonig eine dunkle, bräunliche Färbung an. Lindenhonig hat einen an Kräuter oder Pfefferminze erinnernden Geschmack. Sortenrein kann er in den Stadtgebieten von Berlin, Hamburg, Schwerin, Magdeburg und teilweise auch in Bayern geerntet werde, wo es geschlossene Bestände von Linden gibt. Anderswo ist die Linde mehr oder weniger an Sommerhonigen beteiligt.

Phacelia

Das auch Büschelschön oder Bienenfreund genannte Kraut wird als Zwischenfrucht zur Gründüngung gesät. Je nach Termin der Aussaat kann die Pflanze von Anfang Juli bis Mitte September blühen.

Der Nektar ist mit 23 bis 43 % Zuckergehalt sehr ergiebig. Der Honigwert wird auf 200 bis 500 kg/Honig je Hektar geschätzt. Außerdem ist Phacelia eine gute Pollenquelle. Der Honig kristallisiert fein und hat einen milden, nicht sonderlich prägnanten Geschmack.

Heide

Die Glockenheide und die etwas später blühende Besenheide sind besonders in den Heidegebieten Norddeutschland weit verbreitet. Eng verwandt mit diesen Pflanzen ist die in den Alpen wachsende Alpenrose.

Der Zuckergehalt des Nektars beträgt rund 20 %. Wo es riesige Bestände dieser Pionierpflanze gibt, liefert die Heide die Haupttracht des Jahres. Sie honigt am besten nach nassen Sommern und bei warmen Temperaturen. Außerdem sollten die Heidepflanzen regelmäßig beweidet oder so gepflegt werden, damit sie sich verjüngen.

Heidehonig ist herb und geleeartig, sodass er sich ohne vorheriges Stippen nicht schleudern lässt. Dazu werden neben diversen Kleingeräten auch semi- und professionelle Heidehoniglösmaschinen angeboten. Auch das Pressen der Waben ist möglich.

Sortenhonig wird vor allem in der Lüneburger Heide und in den Heidegebieten Brandenburgs und Mecklenburg-Vorpommerns geerntet. Auch in Süddeutschland gibt es Heidehonig, der oft noch Begleithonig von Edelkastanie, Klee und Bärenklau enthält. Heidehonig hat einen erhöhten Wassergehalt, sodass er gelegentlich in Gärung übergehen kann.

Sonnenblume

Die Sonnenblume wird von Landwirten vor allem als Ölfrucht angebaut. Daneben kommt sie auch in Biogas-Anlagen zum Einsatz. Um zu honigen, brauchen die Pflanzen eine stickstoffreiche Düngung, viel Sonne und ausreichende Feuchtigkeit. Bei Trockenheit und Kälte fällt die Ernte aus. Dann werden nur noch Pollen eingetragen.

Die Nektarproduktion schwankt je nach Sorte. Im Durchschnitt liegt der Zuckergehalt bei etwa 35 bis 38 %. Sowohl vom Zuckerspektrum als auch von Aussehen und Geschmack ähnelt Sonnenblumenhonig dem Löwenzahnhonig.

> **Tipp**
>
> Erkundigen Sie sich vor einer Wanderung in die Sonnenblumentracht, welche Sorte der Landwirt anbaut. Als gute Honiglieferanten haben sich Sorten mit der Endsilbe „-sol" und sogenannte alte Sorten erwiesen. Da die Klagen über die „neuen Sorten" zugenommen haben, forschen Einzelimker und Bieneninstitute gegenwärtig intensiv nach solchen, die auch für Imker und Bienen interessant sind. Berücksichten Sie daher vor einer Wanderung in die Sonnenblume die aktuellen Ergebnisse dieser Forschungen.

Wald

Waldhonig ist kein Blüten-, sondern ein Blatthonig. Seine Farbe schwankt von rot- bis dunkelbraun. Zu den Blatthonigen zählen klassischerweise Fichten- und Tannenhonig. Beide haben einen malzigen Geschmack.

Doch auch Eichen liefern einen Blatthonig. Linden- und Edelkastanienhonig enthalten einen Anteil Blatthonig, doch da auch die Blüten gleichzeitig Nektar absondern und von den Bienen beflogen werden, können die Blatthoniganteile schwanken.

Haupttrachtgebiete für Waldhonig sind der Schwarzwald und der Bayerische Wald. Weitere Trachtgebiete mit vielen Fichten sind die deutschen Mittelgebirge, namentlich der Harz, der Hunsrück, der Taunus, das Vogtland, der Spessart, die Schwäbische Alb, das Allgäu, die Bayerischen Alpen, das Erz- und das Fichtelgebirge, der Oden-, der Steiger- und der Oberpfälzer-, der Thüringer- und der Schwäbische Wald. Sie alle liegen in Mittel- und Süddeutschland.

Viele dieser Trachtgebiete werden vorwiegend von einheimischen Imkern genutzt, denn die Waldtracht ist sehr unzuverlässig. Es honigt nicht in jedem Jahr und nicht am jedem Ort. In einem Tal mag es Honigtau im Überfluss geben, während im Nachbartal die Bienen hungern müssen. Im kommenden Jahr kann es umgekehrt sein. Die Waldtracht ist außerdem vom Gesundheitszustand des Waldes und vom lokalen Klima abhängig.

Schließlich kann ein Einschlag oder Windbruch und auf den Freiflächen wuchernde Pflanzen wie Waldhimbeeren die Trachtsituation an einem eigentlich guten Wanderplatz so verändern, dass jahrelang kein reiner Waldhonig mehr geerntet werden kann.

> **Trachtmeldedienste**
>
> Da die Waldtracht unvorhersehbar ist, nutzen viele Imker Trachtmeldedienste. Dafür haben Trachtbeobachter die Läusepopulationen an verschiedenen Orten im Schwarzwald im Blick. Setzt eine Waldtracht ein, schnellen die Zunahmen der Beuten auf den Waagstöcken in die Höhe. Interessant sind vor allem zwei Angebote.
>
> Die Imkerverbände in Baden und in Württemberg betreiben einen von der EU geförderten Trachtmeldedienst. Die Nummer des telefonischen Ansagedienstes der Imkerverbände in Baden und in Württemberg lautet: (07153) 58231. Mitglieder der Verbände können sich die Ergebnisse im Internet anzeigen lassen (**http://lbi.volatus.de/php/login.php**). Um das Angebot nutzen zu können, sind Benutzername und ein jährlich vergebenes Passwort notwendig.
>
> Ein weiteres Angebot finden Sie im Internet unter www.stockwaage.de. Die Seite enthält Informationen der Landesanstalt für Bienenkunde in Stuttgart-Hohenheim zur aktuellen Lage der Waldtracht. 150 Trachtbeobachter liefern die Daten dafür.

Regionale und seltene sonstige Trachten

Neben Massentrachten gibt es auch Trachtpflanzen, die außerhalb der Wahrnehmung der meisten Imker sind. Sie liefern Ihnen oft interessante Sortenhonige, die Ihr Angebot abrunden und Sie von anderen Imkern abheben können.

Buchweizen

Das zartrosa bis weiß blühende Knöterichgewächs wird besonders um die Mittagszeit von den Bienen beflogen. Der Zuckergehalt des Nektars schwankt zwischen 7 und 45 % und ist sehr stark von den Außenbedingungen wie Temperatur und Wassergehalt des Bodens abhängig. Die Zuckermenge, die ein Buchweizenfeld absondert wird auf 90 bis 490 kg pro ha geschätzt. Daraus bereiten die Bienen einen dunkelbraunen bis schwarzen Honig zu, dessen Geruch gewöhnungsbedürftig ist. Buchweizen wird in Deutschland außer in der Lausitz kaum noch angebaut.

Edelkastanie

An vielen Stadthonigen ist die Edelkastanie beteiligt. Sortenhonig kann von diesem Baum nur im Pfälzer Wald geerntet werden. Der Honig ist gelb bis hellbraun und leicht bitter. Der Pollen ist wertvoll und im geschleuderten Honig überrepräsentiert. Kastanienhonig bleibt durch seinen hohen Fruchtzuckergehalt, 42 bis 63 %, lange flüssig.

Götterbaum
Der anspruchslose, aus China stammende Götterbaum wird aufgrund seiner mächtigen Krone gerne in Städten angepflanzt. Die Pflanze ist eine gute Nektar- und Pollenquelle. Als Sortenhonig kann er nur in wenigen Städten geerntet werden, beispielsweise in Berlin und Heidelberg. Er hat ein Aroma, das an Holunder oder Muskatellerwein erinnert, das sich aber durch Lagerung verflüchtigt.

Goldrute
Die ursprünglich aus Nordamerika stammende Goldrute ist eine anspruchslose Staude, die als verwilderte Pflanze im Spätsommer große Flächen gelb aufleuchten lässt. Sie ist ein guter Nektar- und Pollenspender. Der Nektar hat einen Zuckergehalt von knapp 40 %. Der Honigwert der Pflanze wird auf 179 kg/ha geschätzt. Goldrutenhonig kann in Auengebieten zum Beispiel des Rheins geerntet werden. Der Honig ähnelt dem der Sonnenblumen. Er ist im Aroma allerdings fruchtiger und kristallisiert wie Rapshonig fein und schnell aus.

Klee
Kleearten werden als Futtermittel, Untersaat oder als Gründüngung angebaut. Für die imkerliche Wanderung hat Klee keine große Bedeutung mehr. Ein Hindernis für Honigbienen, um an den begehrten Nektar zu kommen, sind die tiefen und engen Blüten vieler Kleearten. Sie sind entweder nur langrüsseligen Insekten zugänglich oder Insekten, die Nektarraub betreiben, also die Blütenkelche mit starken Kiefern von außen aufbeißen, um dann den Nektar zu lecken.

Die Nektarabsonderung schwankt stark, so beim Rotklee zwischen 17 bis 60 % und ist zum Beispiel beim Weißklee von der Höhe des Grundwasserspiegels abhängig. Die Ausscheidungen der meisten Kleearten sind reich an Saccharose. Rot- und Weißklee bieten den Bienen große Mengen an Pollen an, den am Blütenstaub interessierte Imker mittels Pollenfallen gewinnen können.

Kleehonig ist frisch geschleudert sehr hell und kandiert weiß. Sortenreiner Weißkleehonig wird gelegentlich in den Bayerischen Alpen geerntet. Noch seltener sind Rotkleehonige. Imker, die diesen Honig bevorzugen, haben die beste Chance nach der ersten Mahd. Der dann nachwachsende Rotklee hat kürzere Blütenröhren, die auch von Honigbienen ausgeleckt werden können. Gute Chancen haben außerdem Imker, die auf die Zucht von Rotklee spezialisierte Betriebe ausfindig machen. Sie sind sehr an der Fremdbestäubung durch Insekten interessiert. Duftlenkung soll bei Klee zu höheren Honigerträgen führen.

Strandastern
Astern sind zusammen mit der Goldrute eine wichtige Spättrachtpflanze. Als Wildpflanze sind sie besonders an der Meeresküste verbreitet, wo sie massenhaft auf nassen oder periodisch überfluteten Salzwiesen gedeihen. Sortenhonig von der Strandaster kann in der Umgebung von Wilhelmshafen gewonnen werden. Die Erträge von 6 bis 10 kg/Volk sind bescheiden.

Spargel
Der Spargel ist eine zweihäusige Pflanze, es gibt sowohl männliche als auch weibliche Pflanzen mit Blüten. Beide werden auch wegen ihres eiweißreichen Pollens von den Bienen beflogen. Spargelhonig kann am besten auf frisch angelegten Feldern erzeugt werden, da diese in den ersten drei bis vier Jahren noch nicht gestochen werden und so austreiben können. Spargelhonige sind aus den großen Spargelanbaugebieten Deutschlands bekannt, beispielsweise der Pfalz, dem südöstlichen Niedersachsen, Brandenburg, Sachsen, Bayern, Oberschwaben und dem Vorgebirge (Rheinland).

Service

Literatur

C. J. H. Gravenhorst, Lehrbuch der rationellen Bienenzucht, Braunschweig: 1883

Karl Koch, Das Bienenvolk und seine Pflege, Berlin: 1942

Marc-Wilhelm Kohfink, Bienen halten in der Stadt, Stuttgart: 2010

Franz Lampeitl, Bienenbeuten und Betriebsweisen, Stuttgart: 2009

Adolf Friedrich Magerstedt, Die Bienenzucht der Völker des Altertums insbesondere der Römer, Sondershausen: 1851

Maurizio, Anna/Friedgard Schaper, Das Trachtpflanzenbuch, München: 1994

Adressen

Untersuchungsstelle für Bienenvergiftungen
Julius Kühn-Institut
Messeweg 11–12
38104 Braunschweig
Telefon: 0531/299–4525

Adressen der Imkerpresse
ADIZ
Deutscher Landwirtschaftsverlag GmbH
Berliner Straße 112 A
13189 Berlin
Telefon: 030/293 974 87
E-Mail: Bienenredaktion@dlv.de

Deutsches Bienenjournal
Deutscher Bauernverlag GmbH, Berlin
Wilhelmsaue 37
10713 Berlin
Telefon: 030/464 060
E-Mail: info@bauernverlag.de

Bezugsquelle für Radschleudern
Imkerzentrale Görlitz
Zittauer Straße 130
02827 Görlitz
Telefon: 03581/360 980 2
Fax: 03581/873 658
E-Mail: kontakt@imkerzentrale.de

Imkerversicherung
Gaede & Glauerdt Assecuradeur GmbH & Co. KG
Spezialversicherung für Imker
Herrengraben 3
20459 Hamburg
E-Mail: info@gaedeglauerdt.de
Telefon: 040/376 530
Fax: 040/376 532 30

Honigsortenanalyse
LAVES-Institut für Bienenkunde Celle
Herzogin-Eléonore-Allee 5
29221 Celle
Telefon: 05141/905 034 0
Fax: 05141/905 034 4
E-Mail: poststelle.ib-ce@laves.niedersachsen.de

Länderinstitut für Bienenkunde Hohen Neuendorf e. V.
Friedrich-Engels-Str. 32
16540 Hohen Neuendorf
Telefon: 03303/293 830
Fax: 03303/2938–40
E-Mail: info@honigbiene.de

Deutscher Imkerbund e. V.
Villiper Hauptstraße 3
53343 Wachtberg
Telefon: 0228/932 929
Fax: 0228/321 009
E-Mail: deutscherimkerbund@t-online.de

Quality Services International GmbH
Flughafendamm 9 A
28199 Bremen
Telefon: 0421/594770
Fax: 0421/594771
E-Mail: info@qsi-q3.de

Wanderkarren
Magazinkarre Yvonne
Konrad Pape
Telefon: 03304/502 570

Wanderkarre Pick up car
Bernhard Jakel
Römerkastellstr.25
74722 Buchen/Hettingen
Telefon: 06281/539 917
Fax: 06281/169 9
E-Mail: B.Jakel@t-online.de
http://www.biprolex.com

Raupenstapler
Imkereibetriebe Westerhoff
Ansgar Westerhoff
Dürrstr. 5
37083 Göttingen
Telefon: 0551/370 811 8
Fax: 0551/370 838 7
E-Mail: ansgar.westerhoff@imkereibetriebe.de
www.westerhoff-imkereibetriebe.de

Bildquellen
Titelfoto: Zoonar/Tim Hester Photography
Alle Fotos stammen vom Autor.

Die Grafiken fertigte Helmuth Flubacher,
Waiblingen, nach Vorlagen des Autors und aus der
Literatur.

Register

A
Ableger 77
Abwanderung 77
Ägypter 8
Ahorn 89
Akkulaufzeit 68, 69
Ämter 23
Amtstierarzt 38
Amtsveterinär 25, 82
angepasster Brutraum 47
angriffslustig 90
Anhänger 16, 17, 30
Anhänger mit Reling 36
Anhängerverleih 38
Auswinterungsverluste 66

B
Ballaststoffe 85
Bärenklau 94
Beeblower 74
begattete Weisel 77
Belüftung 11
Bergahorn 89
Besenheide 94
Bestäubungsleistung 12
Bestäubungsprämie 12, 24, 90
Betreuung am Standplatz 50
Betriebsgemeinschaft 49
Betriebsleiter 23
Beuten umrüsten 53
Bewegungsmelder 67, 68
Bienenflucht 17, 53
Bienenfreund 94
Bienenprobe 83
Bienenschutzverordnung 26
Bienenseuchenverordnung 26
Bienentrage 33
Bienentränke 63
Bienenvergiftungen 81
Bienen waschen 86
Bioland 19
Blatthonige 95
Blattlausarten 18
Brutdistanzierung 71
Brutnest teilen 71
Brutraum 28
Buchweizen 14, 96
Buchweizenhonig 14
Bundeswehr 24
Büschelschön 15, 94

C
Christ'sches Magazin 9

D
Dachpappe 61
Dadantrahmchen 28
Datenschutz 24
Dauerregen 18
DDR 11
Diebe 6
Diebstahl 66
Diebstahlmeldung 79
Drohnenbrut 77
Drohnenschlacht 83
Drüsiges Springkraut 15, 85
Duftlenkung 13, 64, 93, 97

E
Edelkastanie 14, 94, 96
Edelkastanienhonig 14
Einfliegen 65
Einfütterung 15
Einwegpaletten 61
Entwicklungstrachten 46
Erkrankungen 83
Ertragstrachten 46
Erwerbsimker 5
Europaletten 61

F
Faktorenkrankheiten 45
Faulbrut 25, 39, 52
Fernwanderungen 54, 68
Fertigfutter 47
Fertigungskosten 16
Fichtenhonig 95
Flachzargen 29, 47
Fliegengitter 53
Flugbetrieb 65
Fluglöcher 77
Fluglochklappe 81
Flüssigfutter 48
Folie 75
Förster 23
Forstverwaltung 23
Frevelschäden 81
Fröste 18
Frühjahrshonige 89, 92
Frühling 66
Frühtracht 5, 39
Futterkosten 15
Futterkranzprobe 39
Futtertasche 47
Futterteig 47
Futtervorräte 29
Futterwaben 47

G
Gefahren 6
Gespannfahren 59
Gestattung 23, 25
Gesundheitszeugnis 25
Gewitterguss 18
Glockenheide 94
Goldrute 15, 20, 97
Google Latitude 68
Götterbaum 97
GPS 67
Griechenland 8
Gründüngung 94
grünes Kennzeichen 36
GTS-Nano®\ 67

H
Handyortung 67
Haupttracht 48, 91
Hausratversicherung 79
Heide 15, 94
Heidehonig 14, 17, 85
Heidehonglösmaschinen 94
Heimatstand 73
Himbeere 23, 92
Hinterbehandlungsbeuten 11
Hochhängen der Brut 72
höchstzulässiges Gesamtgewicht 56
Hohenheimer Wanderbeute 12
honigfeuchte Waben 65
Honigflucht 73
Honigräume 28, 43, 52, 73, 75
Honigräume aufzusetzen 65
Honigtau 93
Honigverfälschung 47, 48, 49
Honigverordnung 85
Honigwert 22
Hygiene 40

I
Imker-Globalversicherung 79
Imkerorganisationen 79
Infrarotfotos 68
Insektizide 82
Italien 15

J
junge Bienenvölker 19
junge Königinnen 72

K
kanadische Goldrute 85
Kernobst 89
Klee 94, 97
Kleinimker 33
Koch 10
Königinnenzucht 72
kontrollieren 70
Kooperation 49
Korbimker 9
Korbimkerei 11
Kornblume 14, 93
Krankheiten 44, 62
Krankheitssymptome 44
künstliche Abkühlung 54
Kunstschwärme 72
Kunststoffpaletten 61

L
Landwirtschaftsamt 23, 82
Lebensmittelhygieneverordnung 85
Leimholzplatten 61
Linde 18, 93
Löwenzahn 20, 46, 88
Löwenzahnhonig 89
Luftaustausch 74
Lüneburger Heide 22

M
Marton 9
Massentracht 22, 89
Mäuse 83
Milbenbefall 86

N
Nachschwärmen 72
Nachtwanderungen 59
Nadelwald 18
Normalzargen 30
Normbeute 11
Nosemose 45

O
Obstplantagen 19
Öko-Dachverbände 24
ökologischer Landbau 93
Ölertrag 18

P
Paletten 27, 61
Peilsender 67
Pendeln 57
Pflanzenproben 83
Pflanzenschutzmaßnahme 42, 81
Pflanzenschutzmittel 19, 60
Phacelia 15, 84, 94
Planungsfehler 38
Plattentrockner 85
Polizei 82
pollenarme Trachten 49
Pollenfalle 97
Pollenhöschen 65
Pollenversorgung 14
Positionsmeldung 67
Privatwälder 23
Puderzuckermethode 86

R
Radschleuder 11
Rähmchenmaß 28
Raps 14, 18, 22, 46, 90
Rapsglanzkäfer 90
Räuberei 75
Refraktometer 84
Reihenaufstellung 62
Reinigungsflug 38
Revierförster 23
Robinie 14, 23, 92
Römer 8
Rosskastanie 46, 91
Rotkleehonig 97
Rotklee-Tracht 13
rückenschonend 33, 56

S
Salweide 46
Sammelbrutableger 72
Scheinakazie 92
Scheinwerfer 61
Schleuder 11
Schlingern 57
Schlupfkäfig 73
Schutzbekleidung 91
schwache Völker 19
Schwärme 71
Schwarmgefahr 17
Schwarmkontrolle 29
Schwarmneigung 71
Schwarmstimmung 71
Sekundenschlaf 59
Seuchenfall 40
Smoker 73
Sommerhonige 92, 94
Sommersonnenwende 19, 70, 71
Sonnenblume 14, 18, 20, 94
Sortenhonige 23
Spanien 15
Spanngurte 51
Spargel 98
Spättracht 5, 6, 85, 98
Spinnen 19
Spitzahorn 89
Stadtimker 14
Standimker 70
Standimkerei 16
Standort 5
starke Völker 19
Steinobst 46, 89
steuerbegünstigt 36
Stippen 94
Strandaster 98
Stromgenerator 61
Stützlast 56, 57
Süditalien 21

T
Tannenhonig 95
Terminplan 52
Thymian 8
Thymianwasser 49
Tierschutzgesetz 26
Trachtlücken 47
Trachtperiode 85
Trachtwert 84
Track your kid 68
Tränke 51
Transportgeräte 16
Transportpaletten 58
Trennschied 28
Trommelraum 53
Truppenübungsplatz 24

U
Übersteuern 57
Überwachungstechnik 68
umgeworfene Beuten 81
Unkrautbekämpfung 93

V
Vario-Boden 53
Varroabekämpfung 41
Varroa-Milbe 85
Verbände 24
Verbrausen 9, 27, 28, 54, 58, 65
Verflug 62
Verrutschen verhindern 55
verstärken 48
Videoüberwachung 67
Vorschwarm 72

W

Wabenreste 77
Wachsmotte 49
Wald 95
Waldgesetz 26
Waldhonig 85
Waldhonigtracht 18
Waldtrachtdienste 18
Wanderböcke 51, 61
Wanderboden 53
Wanderdeckel 53
Wanderfront 11
Wandergemeinschaft 24, 44, 50
Wandergenehmigung 39, 40
Wandergurte 55
Wanderimker 70
Wanderkarren 30
Wanderordnungen 26
Wanderplatz 27
Wandertechnik 30
Wanderung anzeigen 42
Wandervölker 71
Wanderwart 23, 25, 84
Wanderzeugnis 40
Wassergehalt 74, 85
Wasserversorgung 63
Weiselzellen 73
Weißkleehonig 97
Werkzeugkiste 70
Wildkamera 68
Windel 53
Windeln 27
Winter 66
Winterbienen 15
Winterfutter 85
Winterkugel 66
Winterruhe 65

Z

Zeidler 9
Zugfahrzeug 35
Zugmaschine 16
Zwischenboden 53

Die in diesem Buch enthaltenen Empfehlungen und Angaben sind vom Autor mit größter Sorgfalt zusammengestellt und geprüft worden. Eine Garantie für die Richtigkeit der Angaben kann aber nicht gegeben werden. Autor und Verlag übernehmen keinerlei Haftung für Schäden und Unfälle. Der Leser sollte bei der Anwendung der in diesem Buch enthaltenen Empfehlungen sein persönliches Urteilsvermögen einsetzen.

Bibliografische Information der Deutschen Nationalbibliothek
Die Deutsche Nationalbibliothek verzeichnet diese Publikation in der Deutschen Nationalbibliografie; detaillierte bibliografische Daten sind im Internet über http://dnb.d-nb.de abrufbar.

Das Werk einschließlich aller seiner Teile ist urheberrechtlich geschützt. Jede Verwertung außerhalb der engen Grenzen des Urheberrechtsgesetzes ist ohne Zustimmung des Verlages unzulässig und strafbar. Das gilt insbesondere für Vervielfältigungen, Übersetzungen, Mikroverfilmungen und die Einspeicherung und Verarbeitung in elektronischen Systemen.

Hinweis: Der Verlag Eugen Ulmer ist nicht verantwortlich für die Inhalte der im Buch genannten Websites.

Marc-Wilhelm Kohfink
Wandern in der Imkerei
© 2013 Eugen Ulmer KG
Wollgrasweg 41, 70599 Stuttgart (Hohenheim)
E-Mail: info@ulmer.de
Internet: www.ulmer.de
Lektorat: Silke Behling
Herstellung: Gabriele Wieczorek
Umschlagentwurf: red.sign, Anette Vogt, Stuttgart
Satz: pagina GmbH, Tübingen
Druck und Bindung: Graph. Großbetrieb Friedrich Pustet, Regensburg
Printed in Germany

ISBN 978-3-8001-7891-9